L'ABBÉ WETTERLÉ

Ex Député au Reischtag et à la
Chambre d'Alsace-Lorraine

PROPOS DE GUERRE

(DEUXIÈME SÉRIE)

L'ÉDITION FRANÇAISE ILLUSTRÉE
8, Boulevard des Capucines, 8 -:- Paris.

Propos de Guerre

L'Abbé E. WETTERLÉ

ANCIEN DÉPUTÉ AU REICHSTAG
ET A LA CHAMBRE D'ALSACE-LORRAINE

Propos de Guerre

(DEUXIÈME SÉRIE)

I. PROPOS DE GUERRE
II. FANTAISIES.
III. TÊTES DE BOCHES
IV. ALLOCUTIONS.

L'ÉDITION FRANÇAISE ILLUSTRÉE
8, Boulevard des Capucines, Paris

Propos de Guerre

AVANT-PROPOS

Les événements vont vite et les imprimeurs sont lents. Il y a six mois que le présent volume est prêt. Les articles que j'y reproduis ont beaucoup perdu de leur actualité. Au temps qui court, les réflexions que nous suggèrent les fastes de la guerre mondiale ne gagnent pas à vieillir, comme les bons vins. Éphémères, elles s'étiolent très vite.

Et pourtant il peut être parfois utile d'y revenir, ne fût-ce que pour se rendre compte du long chemin parcouru.

Un des écrivains militaires les plus remarquables de notre époque me disait, ces jours derniers : « On ne pourra pas fixer l'histoire de cette guerre avant six ou huit ans. »

Cela est vrai des opérations sur les champs de bataille. A plus forte raison serait-il malaisé de raconter dès maintenant, par quelles crises d'angoisse et d'exaltation patriotique, de lassitude et d'espoir a passé l'opinion publique pendant cette lutte interminable.

Si, dans la deuxième série de mes *Propos de guerre*, le lecteur bienveillant retrouve le souvenir de quelques-unes de ces émotions passées, si le rappel des événements déjà lointains lui permet de revivre quelques-unes de ses joies et de ses inquiétudes, si surtout dans ce qui se passe aujourd'hui il découvre la confirmation de ce qu'il espérait au printemps dernier, il n'aura pas entièrement perdu son temps, en parcourant le livre que je lui offre, souhaitant qu'il y trouve quelque réconfort et qu'il s'y confirme dans la volonté de tenir jusqu'au bout.

E. WETTERLÉ.

I

PROPOS DE GUERRE

CE QUE J'AI VU...,
CE QUE JE VERRAI...

J'ai vu grandir démesurément un empire puissant et orgueilleux. Il était sorti d'une petite principauté besogneuse, de cet électorat de Brandebourg, où des Slaves germanisés, vivant pauvrement sur un sol sablonneux, ne pensaient qu'à la guerre et à la rapine pour augmenter leurs maigres ressources.

Quand leur prince plaça d'un geste théâtral une couronne sur sa tête d'oiseau de proie, les rois et les empereurs sourirent et haussèrent dédaigneusement les épaules. Mais leur nouveau « frère » avait l'esprit

1

entreprenant et la dent dure, son manque
de scrupules en faisait un adversaire redou-
table et bientôt, la Prusse âpre dans ses
revendications, de mauvaise foi dans ses
accords, brutale dans sa fureur, commença
son ascension vers les sommets de la gloire.
Elle savait être tour à tour basse cour-
tisane et brigand audacieux. Napoléon la
vit successivement agenouillée devant son
trône, traîtresse à la parole solennelle-
ment donnée, et follement impertinente
dans le succès. Elle flatta l'Autriche,
pour mieux pouvoir ensuite l'étrangler.
D'une union douanière avec les États
allemands du Sud, elle fit le point de départ
d'une conquête territoriale. De la fédé-
ration qu'elle avait imposée aux vaincus,
elle se servit pour détruire le particularisme
qu'elle avait d'abord promis de respecter.
Elle persécuta sans pitié les nationalités
qu'elle avait asservies. Et quand, avec
l'aide de ses ennemis de la veille, devenus
ses complices, elle put mettre sa botte

sanglante sur la gorge de la France meurtrie, ses ambitions ne connurent plus de
bornes et elle rêva de reconstituer à son
profit l'empire des Césars.

J'ai vu ce peuple de pirates organiser
lentement, mais avec une inlassable obstination, des conquêtes nouvelles. Il ne
reculait devant aucune dépense pour renforcer son armée et sa marine, dotait son
industrie d'un outillage merveilleux, inon-
dait le monde de ses produits à bon marché, de ses formidables réclames, de ses
innombrables espions. Il célébrait, dans
toutes les langues des deux hémisphères,
l'excellence de ses méthodes et la grandeur
de ses destinées. Ses savants s'admiraient
bruyamment eux-mêmes, pour être plus
sûrs de s'assurer l'admiration des autres.
Ses commerçants avaient toutes les audaces. Et dans ses écoles, des maîtres, dont le
patriotisme étroit et exclusif ne connaissait
aucun ménagement, s'appliquaient à fal-
sifier l'histoire et à faire pénétrer dans les

masses populaires toutes les frénésies d'un orgueil national démesuré et d'appétits monstrueux de domination universelle.

J'ai vu, sous cette agitation systématiquement entretenue, la mentalité des Allemands du Sud se transformer, à l'image de celle des barbares du Nord ; les bons bourgeois de Munich et de Stuttgard devenir des militaristes enragés et d'insatiables conquérants ; les ouvriers et les paysans eux-mêmes s'enrôler dans l'armée des pangermanistes universitaires. Et toutes les énergies de cette nation, affolée par d'incessantes excitations, ne tendaient plus qu'à élargir les frontières où elle prétendait étouffer, et à imposer sa loi de fer à de nouveaux vaincus.

J'ai vu, en face de l'empire menaçant, un autre peuple, que sa vieille civilisation latine préservait mal des entraînements de la bonté, se laisser bercer à la décevante chanson du pacifisme. Riche en gloires passées, il ne pensait plus qu'à jouir des biens abondants qu'il avait accumulés au cours des siècles. En vain, quelques patriotes inquiets poussaient le cri d'alarme. Les Athéniens de Paris perdaient leur temps aux stériles querelles de l'Agora et ils semblaient s'intéresser davantage aux péripéties du dernier roman et aux surprises du dernier crime qu'aux vulgarités de la défense nationale. Bien que les coups de clairon de Tanger, de Casablanca et d'Agadir les eussent fait sortir un instant de leur apathie, on pouvait admettre qu'ils n'étaient plus capables d'un effort soutenu. Ils ne croyaient plus à la guerre. L'Allemagne avait des intelligences dans la place et elle comptait bien, à l'heure choisie par elle, déchaîner la révolution chez la victime prédestinée de ses ambitions.

J'ai vu une Angleterre, qui avait renoncé à l'impérialisme pour se consacrer tout entière à la transformation de ses institutions vieillies et que le problème irlandais, brusquement posé par la résistance de l'Ulster, plaçait devant une formidable émeute.

J'ai vu la Russie, épuisée par une guerre malheureuse, se débattre contre le nihilisme destructeur et contre les aspirations, chaque jour plus encombrantes, de ses bourgeois démocrates et des serfs de ses campagnes.

J'ai vu l'Allemagne rire à gorge déployée des faiblesses de ses rivaux et tirer du fourreau sa pesante épée en criant : « L'heure est enfin venue ! »

Et puis j'ai vu, au milieu des éclairs de la bataille (et alors mon cœur angoissé s'est dilaté d'allégresse et de confiance), le monde entier se soulever contre la tyrannie dont la menace venait brusquement de se dresser devant lui.

J'ai vu les Irlandais, oublieux de leurs griefs, tendre la main aux conservateurs anglais, la petite Belgique refuser fièrement de s'incliner devant les sommations du puissant empire germanique, la France se redresser, énergique et consciente de sa force retrouvée, devant le vaniteux envahisseur, le peuple russe, princes, cadets et moujiks, faire bloc contre l'ennemi commun, l'Italie s'enfermer dans la tour d'ivoire de sa prudente diplomatie, la minuscule Serbie mordre vigoureusement le talon de la grande Autriche, le Japon jeter ses légions sur les colonies chinoises de l'Allemagne, et tous les neutres, Suisses et Hollandais, Portugais et Grecs, Américains du Nord et du Sud, applaudir, du même geste et avec le même enthousiasme, la ruée des victimes coalisées sur l'infernal bourreau.

J'ai vu la Prusse, d'abord triomphante, envahir la Belgique, la France et la Russie ; j'ai vu ses innombrables bataillons faire ployer sous leur effort la résistance désespérée des armées alliées ; mais tout à coup, leur élan s'est brisé et la victoire a trahi leurs étendards. Et parce que j'ai vu reculer ce flot devant les digues

vivantes de la Marne, de l'Aisne, de l'Yser
et de la Vistule, j'espère assister bientôt
à un spectacle encore plus consolant.

Je verrai les troupes du Kaiser, lentement refoulées par la poussée savante de
leurs ennemis, repasser le Rhin et l'Oder.
Je les verrai se fondre et disparaître dans
les sables du Brandebourg. Je verrai le
drapeau belge flotter sur la citadelle de
Cologne, celui de la France se dresser sur
le palais de Wittelsbach, celui du tsar remplacer l'étendard des Hohenzollern sur la
coupole verdâtre du kaiserpalast de Berlin,
celui du roi Georges dominer Hambourg et
Brême. Je verrai lês Polonais, les Danois
et les Alsaciens-Lorrains, enfin affranchis
d'un joug odieux, battre des mains à la
victoire des alliés. Je verrai l'empire germanique s'effondrer, et renaître sur ses
ruines l'Allemagne morcelée de 1648. Je
verrai l'univers délivré du cauchemar
de la domination allemande, les peuples
reprenant dans la sécurité les nobles tra-

vaux de la paix, la civilisation latine
sauvée de l'emprise teutonne, les arts
refleurissant partout et la richesse partout
revenue. Je verrai le vrai pacifisme, celui
qui respecte tous les droits, même ceux des
plus faibles, et qui a horreur de toutes les
violences, remplacer la ruineuse chasse
aux armements à laquelle l'Allemagne avait
entraîné tous ses rivaux, la fraternité et
l'émulation se substituer aux haines farouches et aux folles entreprises de la force
brutale, les nationalités grandir et se déve-
lopper librement sous la protection de lois
respectueuses de leurs légitimes aspirations.

Et tout cela, je le verrai, parce que la
Prusse, auteur responsable de tous les
maux dont nous souffrons depuis un demi-
siècle, aura retrouvé ses anciennes frontières et que, désormais silencieuse et
enchaînée, elle ne pourra plus remplir l'univers des clameurs de son orgueil et des
monstrueuses entreprises de son ambition.

POURQUOI ELLE A VOULU LA GUERRE

Depuis qu'ils ne sont plus victorieux et que les mensonges de leurs agences n'en imposent plus aux neutres, les Allemands ont changé de tactique dans leurs journaux. Ils « posent » en victimes. Tout l'univers les jalousait à cause de leur prospérité prodigieuse. On a voulu en finir d'un seul coup avec une concurrence qui menaçait des rivaux moins bien armés pour la lutte. L'Angleterre a donc diaboliquement préparé la guerre actuelle et elle a su si bien brouiller les cartes, au dernier moment, que cette guerre est devenue inévitable. La pauvre Allemagne a bien été obligée de se défendre contre la formidable

coalition qui avait été formée contre elle.
Par contre, elle repousse avec horreur toute
responsabilité dans le déchaînement de la
pire de toutes les catastrophes que le
monde ait jamais vues. Elle ne fut pas
l'agresseur, les autres l'ont attaquée et
presque surprise.

C'est là ce qu'écrivent maintenant les
journaux berlinois. C'est là ce qu'a dit le
chancelier au Reichstag, réuni le 2 décembre, et ce qu'il a répété dans une note
adressée depuis lors aux puissances neutres.

Faut-il rappeler à ce propos que M. de
Bethmann-Hollweg a tenu un tout autre
langage au début de la guerre et que Maxi-
milien Harden a déclaré hautement, il
y a quelques semaines, que l'Allemagne
« avait voulu la guerre et qu'elle continuait
à la vouloir »?

En fouillant dans mes vieux papiers, j'ai
retrouvé un document ancien, qui corro-
borera encore les affirmations du directeur
de la *Zukunft*. C'est un article du *Berliner*

Tageblatt du 3 avril 1913. Il est signé par un député démocrate, M. Pothoff. En voici la traduction :

« En tenant compte des lois de 1911-1912-1913, on peut dire que l'Allemagne augmente subitement son armée de 200 000 hommes en pleine paix. Elle a dépensé 3 milliards de marks en trois ans, en plus des 2 miliards qu'elle dépense annuellement déjà pour l'armée et pour la marine.

« On ne peut expliquer une pareille folie d'armements, ni par les déclarations que le ministre de la Guerre a faites en 1911 et en 1912, ni par les événements balkaniques. La seule puissance balkanique qui soit intacte est la Roumanie, amie de l'Allemagne. Les autres sont très gravement affaiblies.

« Veut-on vraiment nous faire prendre pour des idiots nos généraux et nos diplomates, en soutenant qu'il y a deux ans, ils ignoraient la force militaire de la Bulgarie, de la Serbie et de la Grèce?

« Dans une situation comme la présente, l'heure n'est pas propice aux cachotteries. Ce qu'on nous demande n'est pas une mesure de paix, c'est tout simplement une mobilisation. Ne nous a-t-on pas à satiété rappelé, ces temps derniers, les souvenirs de 1813? Et pourtant, il y a une différence. En 1813 le péril était imminent. L'est-il de nouveau? Voilà la question.

« Bismarck n'avait pas présenté de lois de cette ampleur au parlement d'alors, même à la veille des grandes guerres de 1864, 1866 et 1870. Il ne lui serait pas venu à l'idée de demander, comme le fait M. de Bethmann-Hollweg, d'un seul coup une augmentation de 200 000 hommes.

« Or, non seulement on augmente de cette façon les effectifs de paix, mais on triple encore le trésor de guerre qui est nécessaire à une rapide mobilisation et on décrète un impôt sur la fortune, dont M. Wiemer, le chef du parti démocratique, a dit : « C'est « la guerre en temps de paix ! »

« Il faut le dire en termes très clairs : la nouvelle loi militaire, c'est la mobilisation en pleine paix. Des mesures pareilles ne peuvent se justifier que si le gouvernement impérial est persuadé que la guerre éclatera fatalement au printemps prochain. Je conviens d'ailleurs que, dans ce cas, ces mesures seraient nécessaires et il y aurait crime de la part du Reichstag à ne pas les adopter. Mais ce n'est que sous cette seule condition qu'elles peuvent se justifier. Sinon, ce seraient des lois criminelles. »

Et elles furent criminelles, puisqu'elles obligèrent immédiatement la France et la Russie à prendre des contre-mesures, qui devaient augmenter la tension internationale.

Rappelons encore à ce propos que, déjà en 1913, les Allemands essayèrent, comme ils le font de nouveau maintenant, de déplacer les responsabilités. Le jeune député du centre, M. Erzberger, n'eut-il pas l'audace de prétendre que le vote de la dernière loi militaire allemande (augmentation de 180 000 hommes) était la réponse de l'Allemagne au rétablissement du service de trois ans en France? Or, chacun sait que le parlement français avait laissé passer sans s'émouvoir les deux premières lois sur les effectifs de l'armée allemande et qu'il n'avait commencé à s'inquiéter sérieusement qu'en voyant l'empire germanique renforcer brusquement ses contingents de presque un tiers, ce qui portait l'écart entre les forces allemandes et françaises de 25 à 45 pour cent.

Comme M. Pothoff le disait fort bien, l'Allemagne avait vraiment mobilisé son armée en 1913. La nouvelle loi militaire permettait d'utiliser toutes les réserves en hommes valides, et même un peu plus, car on ignore généralement que, pour arriver aux effectifs prévus, il fallut en octobre 1913 incorporer des hommes dont les aptitudes physiques étaient très contestables.

En même temps (et cela chacun le sait également de l'autre côté du Rhin) les appels de réservistes se multipliaient. Pendant tout l'hiver dernier, il y eut toujours en Allemagne 1 200 000 hommes sous les armes. Avec une activité fiévreuse, on travaillait à la création des nouveaux cadres de cette formidable armée. Les recrues ne perdaient plus de temps aux exercices de parade, on les formait immédiatement à la guerre.

D'un autre côté il est évident que la France, même si elle avait nourri des pensées d'agression, ne pouvait pas désirer que le conflit éclatât avant 1917. En effet, la loi de trois ans ne devait produire qu'à cette époque des effets vraiment utiles, en fournissant à son armée les cadres de réserve qui lui faisaient défaut.

On peut en dire autant de la Russie, qui devait, avant tout, créer sur sa frontière de l'ouest le réseau de voies ferrées, sans

lequel ses troupes perdaient énormément
de leur valeur offensive.

Quant à l'Angleterre, elle avait vraiment
d'autres soucis que celui d'une campagne
qui ne pouvait que compliquer encore la
situation du ministère libéral.

Quand parut la note comminatoire de
l'Autriche à la Serbie, il y eut un véritable
effarement dans les milieux de la Triple-
Entente, où personne ne s'attendait à cette
« querelle d'Allemand ». Il y a donc de la
folie à prétendre que les alliés avaient préparé un guet-apens.

L'Allemagne devait d'ailleurs faire la
guerre au mois de juillet ou d'août 1914.
Et voici pourquoi.

Elle était parfaitement en forme. Jamais
son armée n'avait été si nombreuse et si
bien outillée. Or, l'opposition croissante
des socialistes et la lassitude inévitable
d'un peuple surchargé d'impôts devaient
fatalement, dans un avenir prochain,
entraîner un fléchissement dans la prépa-

ration à la guerre. De plus, les fêtes du
centenaire de 1813 avaient mis la nation
en un état de fièvre patriotique qu'il
n'aurait pas été possible de maintenir.
Tout était donc à point pour obtenir le
maximum de rendement.

D'un autre côté, la situation financière
de l'empire et des États particuliers était
alarmante, comme aussi la crise industrielle se prolongeait et menaçait de devenir chronique. Pour parer aux frais de la
dernière augmentation des effectifs, il
avait fallu recourir à un expédient déses-
péré, l'impôt d'empire sur la fortune, qui
avait alarmé au plus haut point tous les
capitalistes. On savait qu'il serait impossible à l'avenir de renouveler cette désastreuse expérience.

Il fallait dès lors profiter de circonstances particulièrement favorables qui ne
reviendraient plus jamais.

Il est donc bien démontré que l'Allemagne a voulu la guerre. D'abord elle le

reconnaissait et s'en vantait. Maintenant que les alliés l'ont arrêtée, elle essaye de s'en défendre. Or M. de Bethmann-Hollweg n'oublie qu'une seule chose, dans ses mensongères affirmations, c'est de nous dire quelle est celle des puissances de la Triple-Entente qui avait intérêt à déchaîner cet abominable conflit, et laquelle s'y était préparée.

Jamais la France ne fut plus pacifiste qu'en 1913. Jamais l'Angleterre n'eut de plus graves soucis intérieurs que durant cette année. Jamais la Russie, absorbée par son travail de réfection, ne pensa moins à se jeter dans une folle aventure. Tandis que pour l'Allemagne, jamais les circonstances ne parurent plus favorables pour la réalisation de son rêve de domination universelle.

Comment disent donc les juristes? *Is fecit cui prodest.*

RESPONSABILITES

Dans le discours qu'il a prononcé au Reichstag, le 2 décembre dernier, M. de Bethmann-Hollweg s'est surtout attaché a démontrer que l'Allemagne était victime d'une conspiration longuement préparée et dont l'Angleterre aurait tenu tous les fils. Jamais contre-vérité aussi flagrante ne fut lancée avec tant d'insolence.

Tous les grands journaux conservateurs de l'empire préconisaient, depuis des années, la guerre « préventive », quand ils ne soutenaient pas simplement la nécessité d'inaugurer les guerres de conquête. C'est par centaines qu'on pourrait collectionner, sur ce sujet, les plus suggestives citations. La presse pangermaniste (et il ne faut pas

oublier que les théories de M. Class avaient
fini par s'imposer même aux journaux
de province) ne faisait aucun mystère
des ambitions démesurées de l'Allemagne.
Les annexions qu'elle souhaitait étaient
presque journellement récapitulées dans
ses journaux : provinces occidentales de
la Russie, Belgique et Luxembourg, Cham-
pagne, Bourgogne et Normandie, Suisse
allemande, Trieste, Salonique, Anvers,
Marseille, Cherbourg, ports allemands, tel
était le programme annexionniste nettement arrêté. Quant aux colonies, les appétits
des insatiables Teutons ne connaissaient
aucune limite : Algérie, Maroc, Égypte,
Asie-Mineure, Congo français et belge,
Madagascar, Tonkin, tout y passait, sous
le prétexte que ni la France, ni l'Angleterre,
pays à natalité limitée, n'avaient le droit
de conserver des terres « de peuplement »
alors que la population prolifique de l'Allemagne étouffait entre ses frontières trop
étroites.

Les pangermanistes se bornaient-ils à soutenir théoriquement ces thèses inquiétantes? Non ! ils créaient systématiquement dans le peuple allemand tout entier, par des tracts, des conférences, des expositions ambulantes, un état d'esprit de jour en jour plus dangereux pour la paix. Ils agissaient en même temps sur les milieux parlementaires et sur les cercles gouvernementaux et partout leurs excitations donnaient des résultats tangibles.

L'automne dernier, le compte rendu annuel de l' « Association pour la plus grande Allemagne » publiait une revue rétrospective de son action au cours des vingt dernières années. On y établissait, pièces en mains, que toute la politique étrangère de l'empire avait été inspirée et dirigée par le pangermanisme. On y relevait encore l'activité croissante des ligues militaires et l'augmentation formidable des crédits pour l'armée et la marine

qui en avait été l'immédiate conséquence.
Enfin on y développait, avec une impudeur
qui était faite pour surprendre, le programme des réalisations prochaines qui
devait donner enfin à l'Allemagne la domination universelle.

Dans les cercles parlementaires de Berlin on parlait de la guerre comme d'une
éventualité inéluctable. Que de fois j'ai
entendu moi-même des collègues, dont les
sentiments passaient pour être modérés,
m'exposer, dans les termes suivants, la
situation : « La France ne peut pas se
résigner à devenir une puissance de
deuxième ordre et à oublier la défaite que
nous lui avons jadis infligée. La Russie s'est
mise à la tête du mouvement panslaviste
qui vise à nous fermer les portes de
l'Orient. L'Angleterre est désespérée des
progrès de notre flotte de guerre et elle
compte bien se servir de la légère avance
qu'elle a encore sur nous pour nous écraser
avant que nous l'ayons égalée. Nous som-

mes donc obligés de prévenir les effets désastreux d'une coalition qui pourrait compromettre l'avenir de notre race. Or, la France n'a pas encore pu se relever entièrement de sa crise d'antimilitarisme, la Russie a besoin de trois ou quatre ans pour mettre son armée à point et terminer la construction de son réseau ferré, enfin l'Angleterre a un gouvernement libéral qui se gardera bien de se jeter dans une aventure guerrière. Donc le moment est venu d'en finir avec nos rivaux. »

Il est d'ailleurs complètement faux de prétendre que la Triple-Entente voulût la guerre. Quand bien même les trois grandes puissances alliées eussent désiré en finir avec la menace allemande, le moment eût été mal choisi pour elles. La loi de trois ans n'avait pas encore fourni à la France les cadres qu'elle devait si abondamment lui donner. Les Russes n'avaient pu qu'amorcer la construction des voies ferrées qui leur étaient si néces-

saires pour une campagne à l'ouest de
leur vaste empire. Enfin, l'Angleterre
redoutait un mouvement insurrectionnel
en Irlande, dont les conséquences pour
l'unité nationale auraient pu être d'une
exceptionnelle gravité.

Le chancelier de Bethmann-Hollweg
a donc, une fois de plus, menti, en pré-
tendant rejeter sur les rivaux de l'Allemagne la responsabilité de l'horrible guerre
que nous subissons. Quand bien même les
révélations sensationnelles du livre jaune
et celles de M. de Giolitti n'auraient pas
établi, d'une façon irréfutable, la prémé-
ditation allemande, le simple raisonnement
eût permis de prouver que le guet-apens
avait été préparé par les pangermanistes et
le parti militaire de Berlin de plein accord
avec les intellectuels et avec l'entière complicité de la population de l'empire.

Il est d'ailleurs assez curieux de constater que, dans le discours qu'il prononça, au commencement du mois d'août

au Reichstag, M. de Bethmann-Hollweg
n'avait pas pris le même soin de se couvrir
contre le reproche d'avoir d'un cœur léger
déchaîné la guerre. En ce temps-là les
Allemands espéraient encore remporter des
succès aussi rapides que définitifs. Ils
n'avaient donc pas à se gêner, la victoire
devant justifier ou du moins excuser la
malhonnêteté des moyens employés pour
l'obtenir. Depuis lors, la situation s'est
modifiée. On commence à entrevoir à Berlin la possibilité, bientôt on y aura la certitude de la catastrophe qui se prépare, et,
avec la duplicité dont la race allemande et
ses dirigeants ne sauraient jamais se dépar-
tir, le même homme qui traitait, il y a
quatre mois à peine, les conventions internationales de chiffons de papier, essaye
maintenant de prouver que ce furent ses
adversaires qui violèrent la foi jurée.

Les brigands de grands chemins sont
brusquement devenus de pauvres victimes,
parce que le mauvais coup qu'ils avaient

longuement préparé n'a pas réussi. Si, dans quelques semaines, un obus français tombe sur la cathédrale de Cologne, ou une bombe russe sur l'hôtel de ville de Breslau, les « 93 savants » allemands qui se sont solidarisés avec les incendiaires de Louvain, de Malines et de Reims, protesteront avec indignation au nom de l'humanité et de la « Kultur » contre ces attentats barbares. Et c'est ainsi que plus nous allons et plus aussi l'illogisme germanique nous réserve de nouvelles surprises. Mais allez donc discuter avec des gens qui s'imaginent, les « pôvres », appartenir à une race supérieure ayant tous les droits, tandis que, nous autres, malheureux dégénérés, nous sommes fatalement condamnés à toutes les servitudes.

INGUERISSABLES MANIAQUES

MM. les Teutons ne se gênent pas. Leurs journaux partagent déjà l'Europe et font ample moisson de colonies. Faute de remporter des victoires décisives, les pangermanistes fabriquent des traités de paix fantastiques.

La plus grande Allemagne étendra ses territoires jusqu'à l'océan et jusqu'à la Méditerranée. Tout l'empire colonial anglais et français lui reviendra de droit, du droit du plus fort, s'entend. Si les pays nouvellement annexés se montrent trop hostiles à la domination allemande, on procédera simplement à « des transplantations d'éléments étrangers », c'est-à-dire qu'on les colonisera avec des Allemands

besogneux, suivant la formule appliquée
par la Prusse dans ses provinces polonaises. Les petits États neutres, la Belgique exceptée (car pour celle-ci l'annexion pure et simple s'impose), seront
invités, oh ! très aimablement, à entrer
dans le *Zollverein* allemand, autrement
dit à tomber sous la servitude économique
de l'Empire.

Et c'est ainsi que se réalisera le plan
de reconstitution de l'Empire des Césars,
ou plutôt de celui de Charles-Quint, sur
lequel « le soleil ne se couchait jamais ».

Les pangermanistes ne s'arrêtent pas
à mi-chemin. Ils prévoient déjà que la
plus grande Allemagne, disposant de ressources énormes en hommes et en argent,
pourra, le moment venu, dicter ses conditions aux États-Unis et au Japon. Dès
maintenant ils revendiquent comme sphères d'influence la Chine et l'Amérique du
Sud. Et, dans leur lyrisme patriotique, ils
voient déjà l'univers entier asservi à la

culture allemande et surtout aux mercantis de Francfort, de Berlin et de Hambourg.

« Perrette et son pot au lait », direz-vous. Sans doute, mais Perrette a cette fois la poitrine enfermée dans une épaisse cuirasse et son pot est une de ces puissantes marmites, qui sèment la mort, et allument les incendies. L'épaisse laitière allemande rêve tout haut, mais elle a failli réaliser son rêve. Ce qu'elle nous dit, elle l'eût fait si on lui en avait laissé le loisir. Ceux-là seuls seront surpris de sa candide audace qui ignorent que, depuis dix ans, ces plans chimériques s'étalent dans tous les journaux conservateurs de la Prusse et que la guerre actuelle ne fut déchaînée que pour les faire passer dans le domaine des réalités.

L'Allemand moderne, professeur ou simple ouvrier, industriel ou petit fonctionnaire, est atteint de mégalomanie furieuse. C'est le fou maniaque, qui se croit prédestiné à écraser l'univers de sa prodigieuse supériorité. Il ne discute pas, il ne calcule pas, il affirme ses droits imaginaires comme un halluciné. Même battu, il ne renonce pas aux conquêtes qu'il projetait. Les événements lui sont momentanément contraires ; mais avec un invraisemblable cynisme, il n'en avoue pas moins ce qu'il eût fait s'ils lui avaient été favorables.

Tant mieux, car tant d'inconscience ouvrira peut-être les yeux à ceux qui se seraient contentés d'infliger un châtiment incomplet à l'outrecuidance et à la barbarie allemande. Chacun se rendra compte maintenant de l'absolue nécessité de mettre ces énergumènes dans un cabanon bien verrouillé. Car, enfin, on ne les guérira pas du jour au lendemain de cette maladive mégalomanie. Ils sont positivement déséquilibrés. Il y aurait donc un perpétuel danger, après une unique douche, à les laisser librement reprendre leur course à travers le monde. Les fous, cela s'enferme.

Tout de même, faut-il du toupet pour se

permettre de parler encore de la plus grande Allemagne, quand partout les troupes du kaiser fléchissent sous l'effort des alliés ! Mais c'est là précisément ce qui prouve à quel point l'intelligence des Allemands est profondément atteinte par la manie des grandeurs. Ces gens-là ont une idée fixe que les pires mésaventures ne feront pas disparaître si, après une leçon même énergique, on leur laisse la possibilité d'y revenir.

Nous ne serons donc délivrés du cauchemar de la menace allemande, que si l'Empire disparaît. Toute fausse pitié serait déplacée. Est-ce que ces demi-vaincus n'ont pas encore l'impertinence de nous avouer qu'ils écraseraient sans ménagements leurs adversaires. Ils ont le couteau sur la gorge, et ils menacent encore. Alors quoi? on leur permettrait de se relever, on leur rendrait l'épée dont ils veulent se servir pour « saigner à blanc » leurs adversaires ! Mais ce serait là de la démence !

Il faut donc porter la guerre en Allemagne, il faut que, si les barbares continuent leurs déprédations et leurs brigandages dans les territoires qu'ils occupent, leurs usines flambent à leur tour, il faut que leur pays démembré soit, pour un siècle, frappé d'impuissance, il faut que leurs professeurs, qui ont prostitué la science jusqu'à en faire l'apologiste de l'assassinat et du vol, renoncent à l'asservissement de l'esprit latin sous la lourde discipline du germanisme ; il faut, en un mot, que de l'Allemagne, bouffie d'orgueil, il ne reste qu'une poussière d'États sans consistance et sans avenir.

La paix universelle est à ce prix. C'est dur, mais qui donc l'a voulu? Et les inconscients, qui, à l'heure actuelle, se partagent le monde, ne seront-ils pas les premiers responsables des malheurs qui s'abattront sur leur pays?

« L'EMPIRE NÉCESSAIRE »

Dans l'intéressante série d'interviews que publie, dans l'*Echo de Paris*, M. Ibaniez, on trouvait, ces jours derniers, les lignes suivantes :

« Nous parlons du résultat final de la guerre, et j'envisage le cas où elle serait poussée par les Alliés jusqu'au démembrement de l'Empire allemand.

« M. Fœrster sursaute à ces mots :

« Poursuivre ce but, me dit-il, serait à la fois une injustice et une absurdité ; je ne suis pas partisan de la politique des nationalités, *mais c'est une nécessité pour le monde que l'existence de l'Empire allemand ;* celui-ci doit subsister et resserrer chaque jour davantage les liens qui l'unissent à l'Autriche ; *l'Empire germanique doit doter l'humanité* (par la persuasion et non par la violence) *d'une organisation parfaite* ; les États-Unis d'Europe apporteront la paix au monde civilisé. »

La voilà bien, la mentalité allemande ! L'existence de l'Empire allemand est une nécessité pour tout le monde ; car cet Empire doit doter le monde d'une organisation parfaite. Déjà, un autre savant, le chimiste Ostwald, avait, dans une lettre qui restera un monument d'infatuation, parlé de cette « organisation » modèle que l'Allemagne se proposait de donner ou, au besoin, d'imposer aux autres États.

En quoi consiste l' « organisation » tant vantée? Il suffit de voir ce que les Allemands, ou, pour parler plus juste, les Prussiens ont fait dans leur propre pays, pour s'en rendre compte.

Que le Germain soit, par nature, un être discipliné, nul ne l'ignore. Chez lui, tout est hiérarchisé. Il ne peut même pas s'amuser sans s'astreindre à des règles rigides, comme le prouvent les rites enfantins des corporations d'étudiants. L'école est militarisée en Allemagne ; dans les fabriques, les contremaîtres ont l'autorité de sous-officiers et ils l'exercent comme les tyranneaux de casernes. Dans les syndicats ouvriers, les comités directeurs sont omnipotents. Il en est de même dans les partis politiques. Malheur aux socialistes qui s'insurgeraient contre les décisions de leurs chefs. Quant aux administrations, mieux vaut n'en point parler, tant elles développent la morgue chez le supérieur, le servilisme chez les subordonnés.

Cette suppression de l'individualisme présente évidemment certains avantages, puisque, surtout dans une population qui par atavisme manque de tout esprit d'initiative, elle permet de coordonner tous les efforts. L'Allemand isolé n'est plus qu'une loque humaine. Il ne se sent fort, et il ne devient conscient de sa valeur,

que quand il peut s'appuyer sur la volonté
d'un maître et sur la puissance du nombre.

Ce fut le mérite de la Prusse besogneuse,
ambitieuse et tenace, de donner une âme
collective à ces masses amorphes. L'organisation, que vantent les Allemands, n'est
donc pas autre chose que l'hégémonie
prussienne imposée, sous toutes les formes
imaginables, à la mentalité allemande,
emprise qui s'est affirmée dans le domaine
intellectuel, comme dans le domaine économique.

Ceux qui ont pu suivre attentivement
l'évolution de la pensée allemande, au
cours du dernier demi-siècle, ont été tout
surpris de la rapidité avec laquelle elle
s'est opérée. Les méthodes prussiennes
avaient progressivement envahi et l'université et l'école ; elles s'étaient infiltrées
dans les pratiques de l'administration
sudiste, qui, jadis, était quelque peu
bonasse et bon enfant ; elles dominaient
dans les associations patriotiques, dans les

clubs d'industriels et de commerçants, dans les groupements politiques. Partout, le Prussien avait réussi à caporaliser les manifestations de la vie nationale, pour mieux établir sa domination.

Cet être malfaisant entre tous, qui ne rêve que de puissance et d'honneurs, consentait, oh ! pour la forme seulement, à associer les autres races germaniques à ses monstrueux projets d'avenir ; mais, à y regarder de bien près, il ne pensait qu'à lui-même quand il parlait du peuple prédestiné, de la race choisie, à qui était promis l'empire du monde.

L'unité de l'Empire, sous la férule prussienne, n'était donc pas pour lui un but, mais un simple moyen de réaliser un plan beaucoup plus vaste. C'est même pour cela que le Prussien avait tenté de subordonner à son action les Allemands de l'Autriche, et créé à Vienne un mouvement nettement antidynastique, qui devait lui permettre, en temps voulu, d'incorporer

à l'Empire germanique les fiefs des Habsbourg. Si, à l'heure présente, la monarchie
dualiste agonise, le Prussien seul en est
responsable ; car, seul, il imposa aux hommes d'État du Ballplatz cette lutte barbare contre les nationalités qui, fatalement, devait préparer la désagrégation de
leur pays.

En moins de deux siècles, les pauvres
petits électeurs de Brandebourg ont, par
la violence et la rapine, par la duplicité
et la fourberie, réussi à créer un grand
Empire. Ils ont d'abord asservi, physi-
quement et moralement, leurs frères de
race. Ils pensaient maintenant pouvoir
soumettre à leur joug tous leurs rivaux
étrangers. Et ils sont tout surpris, tant
leur morgue est devenue insolente, que
les autres peuples ne veuillent rien savoir
d'une « organisation » qui consacrerait leur
définitive déchéance sous la direction de
la Prusse accapareuse.

Le plan avait été soigneusement élaboré

et son exécution a failli donner les résultats attendus. Les Prussiens s'étaient
cependant trompés dans leurs savants calculs. Après avoir si facilement vaincu les
résistances des Allemands du Sud, ils pensaient que les peuples étrangers, surtout
les plus faibles d'entre ceux-ci, se laisse-
raient à leur tour éblouir ou terroriser par
la puissance germanique. La révolte du
monde entier contre leurs tentatives de
domination les a complètement ahuris.
Est-il possible que les individualistes barbares ou dégénérés du dehors ne comprennent pas tous les avantages qu'ils
trouveraient à être « organisés », capora-
lisés, mécanisés à la manière prussienne?

Et maintenant que le merveilleux instrument de guerre, que les Allemands du
Nord avaient forgé, se brise entre leurs
mains, ils sursautent à la seule pensée de
la destruction de l'Empire de proie, de
cet Empire qui devait doter l'univers des
bienfaits de l' « organisation ». Leur indi-

gnation est d'ailleurs sincère. Ces gens-là sont à ce point enivrés de leurs succès passés, qu'ils ne conçoivent pas le progrès de l'humanité sous d'autres espèces que celles de la discipline rigide et de la prédominance de la race victorieuse sur les nationalités inférieures. Il y a, chez eux, une intoxication complète de la pensée. Le Prussien est incapable de rien admirer en dehors du régime autocratique qui a fait sa force jusqu'ici.

Cela est tellement vrai, que même les associations démocratiques, fondées jadis par Richter et Bebel, ont fini par se confondre avec les partis les plus réactionnaires. Partout, à l'extrême-gauche comme à l'extrême-droite, le même principe s'affirme, celui de la force primant ou créant le Droit. Partout, aussi, le même procédé : l'organisation, c'est-à-dire la subordination de toutes les volontés individuelles à une pensée unique, à des aspirations communes.

L' « organisation » est une belle chose.

Pour n'en avoir pas compris les nécessités, les peuples trop démocratiques ont souvent failli perdre leur indépendance. Encore n'est-il nullement prouvé que la méthode d'organisation que la Prusse voulait imposer, comme un bienfait, au monde, soit la bonne. Coordonner les efforts, pour en décupler les effets utiles, rien de mieux, à la condition que l'individu ne perde pas toute son indépendance. Imposer une discipline irréfléchie par le seul emploi de la force brutale, ne saurait, par contre, représenter un progrès pour l'humanité.

Que le professeur Fœrster ne trouve donc pas mauvais que Français, Russes et Anglais, sans compter les autres peuples moins bien armés pour la lutte, refusent délibérément de se laisser « organiser » par les Prussiens, et que, voulant prévenir le danger des nouvelles tentatives d'asservissement, ils pensent à disloquer l'Empire germanique. Les Alliés sauront certainement profiter de l'exemple que l'Allemagne prussianisée leur a donné, pour mieux utiliser leurs forces vives à l'avenir ; mais rien ne les empêchera de considérer comme un recul vers la barbarie, l' « organisation » qu'on pensait leur imposer et de prendre toutes les mesures nécessaires pour que la menace en soit définitivement écartée.

ENTRE ALLIÉS

« Soldats en pantoufles », voilà comment
les Allemands qualifient leurs chers alliés,
les Autrichiens. Ils n'ont tort qu'à moitié
de se montrer si méprisants pour les trou-
piers de François-Joseph. L'armée de la
monarchie dualiste est en effet complètement dépourvue d'homogénéité et, en suite
de sa composition bigarrée, la discipline et
l'esprit national lui font également défaut.

Jamais empire n'eut davantage que
l'Autriche-Hongrie l'aspect d'une mo-
saïque. Les Allemands proprement dits sont
à peine 10 millions en Cisleithanie, 2 millions en Transleithanie. Prenons maintenant les autres nationalités, qui toutes sont
fortement groupées et qui maintiennent

fièrement les caractères ethniques de leurs races : Hongrois, 10 millions; Bohémiens, Moraves et Slovaques, 8; Polonais, 5; Ruthènes, 4; Croates et Serbes, 5 et demi; Slovènes, 1 et demi; Roumains, 3; Italiens et autres Latins, presque un million.

Si nous examinons les oppositions confessionnelles, celles-ci nous apparaissent comme tout aussi contraires à l'unité nationale, dans un pays où la religion se confond presque partout avec le sentiment patriotique. On compte en Autriche-Hongrie 33 millions de catholiques de rite latin, 5 millions et demi de rite grec et arménien, 4 millions et demi d'orthodoxes grecs et arméniens, 4 millions de protestants des deux confessions, plus de 2 millions d'israélites et un certain nombre de musulmans.

Les Croates, les Tchèques (Bohémiens), les Slovaques, les habitants de la Bosnie, de l'Herzégovine et de la Dalmatie ne font aucun mystère de leurs aspirations autonomistes ou de leur séparatisme. L'enchevêtrement des revendications nationales est d'ailleurs presque partout aussi inextricable qu'en Macédoine. Si les Allemands de Vienne oppriment la majorité slave de l'empire, les Magyars écrasent de la même manière les autres nationalités du royaume, qui pourtant sont numériquement à égalité avec la race qui domine. Même phénomène en Galicie, où les Polonais se montrent très rigoureux vis-à-vis des Ruthènes et des Petits-Russes.

Comment, dans ces conditions, l'armée qui se recrute dans des milieux si divers, pourrait-elle présenter les caractères de cohésion qui sont indispensables pour obtenir la victoire? Sans doute, tous les Slaves d'Autriche-Hongrie n'ont pas les mêmes sympathies pour la Russie ; mais la plupart ont les mêmes haines pour l'Allemand et le Hongrois qui les commandent. D'ailleurs, entre le Germain viennois et le Magyar de Budapest aucun accord n'est possible non plus. On se déteste, on se

jalouse cordialement d'empire à royaume.
Avant la guerre les deux pays n'avaient
que les rapports politiques et même com-
merciaux inévitables. Les Hongrois ache-
taient plutôt leurs marchandises à l'étranger qu'en Autriche. On sait à quelles luttes
épiques a donné lieu l'emploi de l'allemand
comme langue de commandement dans
l'armée hongroise. Les deux parlements rivaux s'épuisaient en de perpétuelles querelles. L'établissement du budget commun
aux deux États transformait en enfer les
séances des Délégations.

Les Hongrois n'ont-ils d'ailleurs pas
profité de la crise actuelle pour refouler les
Autrichiens à l'arrière-plan et n'ont-ils
pas poussé l'égoïsme jusqu'à interdire
l'exportation des céréales dans la Cisleithanie?

L'archiduc François-Ferdinand, que son
mariage morganatique avec la comtesse
Schoteck, originaire de Bohême et très
particulariste, avait rapproché des Slaves

de l'empire, se proposait, comme du moins l'affirment ses familiers, de donner à l'empire une constitution fédéraliste, qui, en accordant la plus large autonomie à toutes les nationalités, les eût rattachées plus étroitement à la couronne sous la forme de l'union personnelle. C'est même pour ce motif qu'il était si impopulaire en Allemagne où on l'accusait de vouloir « slaviser » la monarchie habsbourgienne. La nouvelle de son assassinat fut plutôt enregistrée avec satisfaction par les organes pangermanistes de Berlin et de Dresde. Et pourtant seul le fédéralisme pouvait sauver la monarchie dualiste d'une définitive décomposition.

Quoi qu'il en soit, l'armée autrichienne, avec ses soldats et ses officiers de nationalités si diverses et si opposées, n'est qu'un troupeau informe. La plupart des soldats vont au feu sans aucun enthousiasme. Dès le lendemain de la mobilisation, des mutineries se sont produites qu'il a fallu réprimer par des exécutions en masse. Les contingents slaves, quand ils ne sont pas très fortement encadrés, se rendent avec empressement. Les Russes ont déjà fait 500 000 prisonniers, chiffre énorme, puisqu'il représente presque le sixième de l'effectif total de l'active et de la réserve autrichiennes.

Ce sont donc des « soldats en pantoufles » qui combattent les alliés de la France. Le qualificatif est original ; mais il traduit bien la pensée de l'état-major général allemand. A Berlin on était renseigné avant l'ouverture des hostilités sur le peu de valeur de l'armée austro-hongroise. On pensait cependant qu'elle remplirait mieux son rôle secondaire. Or il se trouve maintenant que, non seulement les troupes de François-Joseph ne rendent aucun service appréciable à l'empire germanique, mais que, pour prévenir une défection complète de ces singuliers auxiliaires, les Allemands sont obligés d'envoyer en Hongrie plusieurs de leurs meilleurs corps d'armée. Ce faisant, ils ne viennent d'ailleurs pas au secours de François-Joseph, ils cherchent plutôt à sauver de l'invasion un pays qu'ils considèrent comme devant leur revenir.

Les pangermanistes ne cachent pas en effet leur volonté bien arrêtée d'annexer tôt ou tard l'Autriche à l'Allemagne. Ils n'avaient cessé, depuis des années, d'organiser à Vienne des manifestations en faveur de la dynastie de Hohenzollern. Les événements actuels leur fournissent l'occasion de bien établir l'impuissance des Habsbourg à sauvegarder l'indépendance de leur empire. De toutes façons les jours de l'Autriche sont donc comptés.

Ajoutons que l'armée autrichienne n'a pas su s'accommoder aux nécessités de la guerre moderne. Si son artillerie lourde est remarquable, ses pièces de campagne ne valent rien. On s'est obstiné dans les fonderies à se servir du bronze pour les fabriquer, alors que dans tous autres pays, on employait l'acier.

Mal armée, mal équipée, commandée par des généraux qui ne s'entendent pas entre eux et composée des éléments les plus hétérogènes, l'armée de François-Joseph n'a connu jusqu'ici, elle ne connaîtra encore à l'avenir que la défaite. Elle n'a même pas réussi à battre les Serbes. Devant les Russes elle lâche pied régulièrement.

Et pourtant nulle part l'état-major général ne ment avec plus d'impudeur.

Les communiqués du ministre de la Guerre berlinois sont fortement colorés ; mais on n'y trouve pas d'énormités comme dans ceux du ministère viennois, où tous les désastres se transforment régulièrement en éclatantes victoires. Nécessité politique qu'on trouve presque excusable quand on sait que, le jour où la vérité sera connue, Tchèques, Croates, Roumains et Slovènes se soulèveront et provoqueront la plus formidable révolution intérieure qu'aucun pays aura jamais connue.

LEURS AVEUX

Le *Tag* de Berlin repique. Déjà une première fois il avait avoué, avec une cynique impudence, les projets de l'Allemagne et ses déconvenues. Dernièrement il revenait sur ces confidences. Or il en ressort que les Allemands, au moment où ils déclarèrent la guerre à la Russie et à la France, comptaient sur la neutralité de l'Angleterre pour les motifs suivants :

« Nous comptions, dit la feuille berlinoise, sur le soulèvement des Indous.

« Nous prévoyions que tout l'empire colonial anglais se soulèverait.

« Nous nous attendions à une révolte triomphante dans l'Afrique du Sud.

« Nous espérions des troubles en Irlande.

« Nous pensions que le parti de la paix à
tout prix dominerait en Angleterre.

« Nous estimions que l'Angleterre était
dégénérée. »

Le *Tag* reconnaît que toutes ces suppositions étaient erronées et il en marque un
profond dépit. Ce qu'il oublie de dire,
c'est que la révolte des colonies anglaises
et les troubles d'Irlande avaient été fomen-
tés par des agents allemands, qui avaient
envoyé à leurs employeurs les assurances
les plus encourageantes ; c'est qu'encore
le prince Lichnowski, ambassadeur impérial à Londres, avait fait tenir à Berlin
des rapports dans lesquels il certifiait que
les libéraux anglais étaient pacifistes jusqu'à l'abdication et que le parti travail-
liste, complètement embrigadé par les
socialistes germaniques, s'opposerait à
toute intervention armée de la Grande-
Bretagne.

La feuille berlinoise ne s'arrête pas à
mi-chemin dans ses récriminations. L'An-

gleterre a déjoué, par son attitude décidée,
les calculs théoriquement si bien établis
de la diplomatie allemande ; ses colonies
ne se sont pas révoltées, mais ont au contraire envoyé d'énormes contingents pour
soutenir la métropole ; l'insurrection du
Cap a été rapidement réprimée ; les Irlandais se battent avec enthousiasme contre
les Allemands ; le gouvernement libéral a
fait vaillamment son devoir, et si quelques
travaillistes continuent à manifester de
timides sympathies pour l'Allemagne, l'ensemble des ouvriers anglais ne rêve plus
que d'écraser l'empire de proie. Mais il y a
mieux :

« Nous pensions, gémit le *Tag*, la France
dépravée et divisée et nous trouvons en elle
un adversaire formidable.

« Nous avons cru le peuple russe trop
mécontent pour se battre pour son gouvernement et nous avons établi nos plans sur
la supposition d'un effondrement rapide
de la Russie ; mais, au lieu de cela, elle a

mobilisé rapidement et bien ses millions
d'hommes, son peuple est plein d'enthousiasme et sa puissance est écrasante. »

Il est évident que si les données du
problème avaient été ce que naïvement
les Allemands supposaient, la lutte en
eût été singulièrement facilitée. Ces bons
Teutons ne sont pas psychologues. Les
gaffes innombrables que leurs diplomates
collectionnent en sont la preuve. M. de
Schœn, qui assistait, l'œil allumé, aux dis-
cussions ardentes qu'avait soulevées un
procès politique célèbre, s'imaginait vraiment que la France était en pleine décomposition et il avait signalé les indices nombreux de ce phénomène « réjouissant » au
chancelier. Les socialistes allemands, de
retour des congrès pacifistes de Berne et de
Bâle, assuraient de leur côté à leur gouvernement que la guerre déchaînerait de
l'autre côté des Vosges une grève générale.
Les espions germaniques, pour mieux
gagner leur argent, affirmaient que l'armée

française, mal équipée et mal commandée, ne se relèverait pas d'un premier échec facile à obtenir. Quant aux innombrables Allemands qui étaient établis en Russie et qui comptaient des complices dans la banque, dans le haut commerce, voire même à la cour, leurs rapports étaient tous rassurants : pas de canons, pas de munitions, pas de grands chefs, une mobilisation très lente, un peuple sans patriotisme, des groupements nihilistes toujours prêts à provoquer une révolution intérieure.

Voilà ce que les diplomates et les indicateurs de l'Allemagne croyaient pouvoir garantir. On comprend que, dans ces conditions, l'Allemagne ait pu croire le moment venu de réalier ses plans monstrueux. Jamais les circonstances n'avaient été aussi favorables.

Sans doute l'Italie, et cela était prévu, devait d'abord observer la plus stricte neutralité ; mais on pensait à Berlin qu'après la victoire foudroyante de l'Allemagne,

les péninsulaires voudraient prendre part
à la curée et que leur intervention, même
tardive, mettrait un terme plus rapide aux
opérations de guerre. Par contre, l'empereur Guillaume comptait sur l'appui immé-
diat de la Bulgarie et de la Turquie et il
espérait que la guerre sainte, proclamée
par le sultan, mettrait tout le monde musul-
man à la disposition des deux empires du
centre.

Tout cela était merveilleusement imaginé. Si la moitié seulement des calculs allemands avait donné des résultats appréciables, l'opération mondiale de l'Allemagne aurait pleinement réussi. Or, pas
une seule des suppositions des diplomates
de la Wilhelmstrasse ne s'est réalisée.

Et pourtant la foi des Allemands eût
dû transporter des montagnes. Faut-il à
ce propos rappeler que, durant les premiers
jours de la guerre, leurs journaux annon-
çaient triomphalement que la révolution
avait éclaté à Paris, que M. Poinca

avait été assassiné, que les Chambres
avaient refusé les crédits de guerre, que les
soldats de la République avaient des chaus-
sures en ca.ton, des pantalons en loques
retenus par des ficelles, des cartouchières
vides, que partout les troupes françaises
fuyaient dès les premiers coups de fusil?
Faut-il rappeler encore que l'agence Wolff
signalait de terribles mouvements populaires à Saint-Pétersbourg et qu'elle avait
découvert du sable au lieu de poudre dans
les gargousses et les cartouches des soldats
russes?

A Berlin, la foule délirait en lisant ces
transpositions des rapports diplomatiques
dans le domaine des réalités. Les rues
étaient pavoisées et les pangermanistes
s'embrassaient avec effusion dans les brasseries.

Hélas ! il a fallu depuis en rabattre.
La France, merveilleusement unie, a fait
face au danger et le *Tag* est obligé de reconnaître qu'elle est un « adversaire formi-

dable ». La puissance de la Russie s'est révélée, toujours d'après le journal berlinois, « écrasante ». Tout le plan allemand, édifié sur de fausses appréciations, s'écroule lamentablement.

Il n'en était pas moins curieux de constater que, placés devant les dures réalités, les Allemands ont la candeur d'avouer l'erreur de calcul qu'ils avaient commise. Qu'après cela ils essayent donc encore de prétendre qu'ils n'ont pas été les agresseurs. Tout l'article du *Tag* serait dépourvu de sens s'il ne signifiait pas que l'Allemagne, jugeant ses adversaires éventuels paralysés par des crises intérieures d'une exceptionnelle gravité, avait pensé que l'heure était particulièrement favorable pour les écraser tous en même temps.

Voici d'ailleurs la conclusion des jérémiades de la feuille berlinoise : « Ceux qui nous ont ancrés dans toutes ces erreurs ont mis sur leurs épaules une lourde responsabilité. » L'empereur, M. de Bethmann-Hollweg, les diplomates allemands, voilà les grands coupables. Dès maintenant on les désigne aux fureurs populaires, non point parce qu'ils ont commis le crime le plus abominable en déchaînant les horreurs de la guerre sur l'Europe, mais parce qu'ils s'étaient trompés dans leurs calculs. On ne leur reproche pas leur barbarie, mais leurs « erreurs ». Toute la mentalité allemande tient dans cette phrase. Le succès aurait fait de Guillaume II le plus grand souverain de tous les temps, l'échec de ses diaboliques combinaisons le classe parmi les incapables les plus malfaisants.

COMMENT ILS MENTENT

La scène se passe à Zurich. Un jeune Français de dix-sept ans, que les événements avaient surpris à Fribourg en Brisgau, vient d'arriver dans la ville suisse, accompagné par le bon bourgeois badois chez lequel il logeait. Son père, accouru de Paris, l'attend à la gare. Longues effusions. Puis tout à coup le père, s'apercevant du morne désespoir que révèlent les traits tirés et le regard vague et sombre de son fils, interroge celui-ci :

— Pourquoi es-tu donc si triste?

— A mon tour de vous demander, répond le jeune homme, pourquoi vous paraissez si satisfait?

—Mais d'abord parce que je te retrouve,

et puis parce que nos affaires vont bien.

— Quelles affaires?

— La guerre, parbleu.

— Ah ! non, elle est trop forte celle-là. Combien de défaites vous faudra-t-il encore pour briser votre optimisme?

— Des défaites ! mais je n'en connais qu'une, celle de Charleroi. Depuis lors nous sommes constamment vainqueurs.

— Voyons, je n'y suis plus. Nancy n'est-il pas pris ?

— Non.

— Et Toul, et Verdun, et Belfort?

— Non ! non ! non !

— Vous vous trompez, ou par pitié vous voulez m'induire en erreur. J'ai lu le récit détaillé de la prise par les Allemands, de toutes ces places fortes, il y a déjà plusieurs semaines. Depuis lors les journaux allemands apportent tous les jours des détails sur leur occupation. On m'a montré des lettres de soldats qui portaient le timbre de la poste allemande de Nancy et de Belfort.

— Eh bien ! on t'a odieusement trompé. Toutes nos villes de l'est n'ont pas cessé un instant d'être françaises. Tu pourras t'en convaincre, puisque c'est par Belfort que nous rentrerons à Paris.

— A Paris? pas possible.

— Et pourquoi donc?

— Puisque depuis six semaines Paris est investi et bombardé par les Allemands.

— Mais, mon pauvre enfant, d'où sors-tu donc? Les Allemands ont été de fait un instant, mettons quarante-huit heures, à Compiègne ; mais ils en sont loin maintenant et on se bat en Belgique.

— Cela me paraît bien extraordinaire, puisque Dunkerque et Calais sont allemands. On a publié dans les illustrés de là-bas les photographies de ces villes maritimes occupées par les soldats du Kaiser.

— Et on a menti une fois de plus.

— Voyons, papa, ce que vous me dites

là n'est pas sérieux. A notre époque d'informations rapides et minutieuses on ne peut tout de même pas lancer des canards de cette dimension.

— Tu ne veux pas me croire. Eh bien ! attends voir un instant.

Et le Parisien, quelque peu vexé du scepticisme de son fils, se précipite sur le kiosque d'une marchande de journaux et il en rapporte une collection de numéros de la *Gazette de Lausanne* et du *Journal de Genève*, qu'il remet au jeune homme.

— Tiens, lui dit-il, lis. Pendant ce temps je vais aller acheter quelques sandwichs.

L'exilé s'est assis sur un banc de la salle d'attente et fiévreusement il parcourt les journaux. Ses traits se détendent, un bon sourire erre maintenant sur ses lèvres et dans son œil s'allume de la fierté. Après s'être rempli l'âme de confiance, il s'approche du Badois, dont il a été l'hôte pendant les premières semaines de la guerre :

— Voyez donc, s'écrie-t-il joyeusement.

L'Allemand jette à peine les yeux sur les feuilles suisses :

— Mensonge que tout cela, grogne-t-il en haussant les épaules. La vérité, la voici. Et il agite, comme un drapeau, le numéro de la *Gazette de Francfort* qu'il vient de dévorer avidement.

— La vérité, où est-elle? se demande de nouveau anxieusement le jeune Français, retombé dans le doute.

Il la connaît depuis cinq jours, puisqu'il est de retour à Paris et qu'il a pu se convaincre que la capitale française n'a jamais été assiégée. Et il faut l'entendre exprimer son indignation contre les fausses nouvelles qu'impudemment les Boches répandent dans leur pays pour soutenir la confiance ébranlée de la population civile. Car cette histoire est absolument authentique. Je n'y ai pas mis le moindre détail qui ne soit d'une rigoureuse exactitude. La

conversation que j'ai rapportée a eu lieu
à Zurich le 20 mars dernier.

Les Allemands mentent donc effron-
tément. Battus, ils imaginent de chimériques victoires, parce qu'ils savent que le
peuple, qu'ils ont bercé de vains espoirs, ne
supporterait pas la vérité. Ils redoutent
une réaction qui sera d'autant plus formidable qu'on mettra plus de temps à la
retarder. Coûte que coûte il faut maintenir
l'illusion du succès. Alors quoi, on défend
l'entrée en Allemagne des journaux étrangers, on lance les nouvelles les plus rassu-
rantes à la douzaine et à la grosse, défense
est faite aux blessés de parler, les lettres
des soldats sont timbrées de bureaux de
poste inexistants. Les bourgeois de Berlin
et de Francfort croient dur comme fer qu'il
ne reste plus pierre sur pierre à Verdun, à
Belfort, à Varsovie. Pour eux Paris est en
flammes et si les troupes allemandes n'y ont
pas encore pénétré c'est uniquement parce
que le choléra y fait d'épouvantables

ravages dans la population civile. Des canons de marine, placés sur la jetée de Calais, menacent les côtes anglaises. Quant à la Russie, battue et humiliée, elle s'apprête à demander grâce. Et, dans toutes les brasseries, les buveurs de bière entonnent à la nouvelle de chaque nouvelle victoire le *Deutschland über alles !*

Tout cela est fort bien ; mais gare au réveil qui suivra cette ivresse patriotique !

LE NAVIRE FAIT EAU

Quand les rats quittent le navire, c'est que celui-ci est près de sombrer. Une fois de plus ce proverbe se vérifie en Alsace-Lorraine.

Au début de la guerre, je puis bien le raconter maintenant, plusieurs de mes compatriotes, restés au pays, crurent devoir me renier publiquement. J'en éprouvai une médiocre surprise, sachant sous quel régime de terreur les malheureux vivaient. Aussi ne leur gardai-je aucune rancune de leur faiblesse, prévoyant que, le moment venu, leurs sentiments évolueraient normalement.

Bien m'en a pris ; car je sais qu'à l'heure actuelle, les mêmes hommes ne dissimulent plus la joie que leur causent les embarras de l'Allemagne. Hier encore, ils vivaient sous l'obsession de l'invincibilité de nos tyrans. Aujourd'hui, ils savent que la bête est blessée à mort et, s'ils regrettent de ne pas l'avoir prévu, ils se réjouissent quand même de l'événement.

Les Allemands, je l'ai souvent relevé, furent toujours, par leurs maladresses et leurs brutalités, les meilleurs propagateurs de l'idée française en Alsace-Lorraine. Depuis le début de la guerre, il semble qu'ils aient encore cru devoir forcer la note.

Voici, à titre documentaire, une lettre que je reçois d'Alsace :

« Dans les premières semaines du mois d'août, m'écrit-on, un certain flottement s'était produit dans l'opinion publique des provinces annexées. On se demandait si l'Alsace-Lorraine n'aurait pas à subir des pertes irréparables par suite d'un changement de régime. Les Allemands s'appliquaient d'ailleurs à exagérer le danger économique du retour à la France, comme ils s'employaient également à répandre mille fausses nouvelles sur le mauvais équipement et le mauvais esprit des troupes françaises.

« De fait j'ai entendu de nombreux viticulteurs se demander, avec quelque angoisse, si leurs vins pourraient supporter la concurrence des vins français. Les ouvriers s'inquiétaient également de la crise industrielle que provoquerait la conquête de nouveaux marchés. Les petits fonctionnaires des postes et des chemins de fer, la plupart indigènes, n'étaient pas sans inquiétude sur leur avenir ; car ils n'avaient pas la certitude d'être réengagés par les administrations françaises. Enfin le clergé et les fidèles des différentes confessions n'envisageaient pas sans de sérieuses appréhensions le statut que la France victorieuse donnerait à leurs églises.

« Heureusement que les Allemands se
sont chargés eux-mêmes de se rendre
insupportables au delà de toute expression. Déjà en temps de paix ils manquaient d'aménité ; mais depuis que la
guerre a éclaté ils ont réussi, par leurs
violences stupides, à s'aliéner même les
Alsaciens-Lorrains les plus opportunistes
et qui s'étaient le plus compromis vis-à-vis
du gouvernement. Si bien qu'en ce moment
on attend partout les Français comme des
libérateurs. Il est en effet impossible de
vivre davantage avec les Allemands dont
l'arrogance est devenue colossale et qui
exigent partout et toujours qu'on s'apla-
tisse en extase admirative devant l'être
supérieur qu'est l'officier prussien.

« Que de fois n'ai-je pas entendu, ces
jours derniers, des gens de milieux divers
s'écrier : « Qu'importe que nous soyons bom-
« bardés, pillés, incendiés, ruinés, pourvu
« qu'on nous débarrasse de nos tyrans ! »

« Ah ! si on pouvait encore faire savoir

aux Alsaciens-Lorrains que la France victorieuse sauvegardera leurs intérêts matériels et respectera leurs coutumes, leurs traditions, leur foi religieuse, de quel élan nos pauvres populations n'iraient-elles pas au-devant de la patrie de leurs souvenirs et de leurs espérances ! »

La lettre qu'on vient de lire est d'une authenticité parfaite. Je n'y ai rien changé. D'ailleurs les récits de tous les réfugiés des provinces annexées concordent avec les renseignements qu'elle donne. Les Allemands ont, une fois de plus, réussi à travailler pour leurs ennemis.

Il y a mieux, d'ailleurs, et ici nous arrivons au côté amusant d'une situation qui, sans cela, est au dernier point tragique. L'Alsace nationaliste avait connu, au cours des dernières années, de douloureuses défections. Bon nombre d'arrivistes avaient cru devoir renoncer à la politique de réserve qui avait été la sauvegarde de notre dignité, et leur prosélytisme bruyant

en faveur du germanisme oppresseur avait
pu donner le change sur les sentiments
profonds de la population.

Or, ces ralliés sont maintenant à l'œuvre
pour expliquer leurs faiblesses passées
et préparer leur nouvelle évolution. Leurs
amis de France plaident pour eux les circonstances atténuantes et ils le font avec
un tel ensemble et tant de méthode qu'on
peut supposer qu'ils en ont été chargés par
les intéressés eux-mêmes. Ces jours derniers, un des pacifistes les plus notoires de
l'Alsace (et on sait ce que pacifiste voulait
dire là-bas) était venu lui-même à Paris
pour exprimer toute la joie qu'il éprouvait
des succès des alliés.

Mais voici ce qui a mis le comble à
mon joyeux étonnement. Il y avait, dans
la Haute-Alsace, un personnage de valeur
personnelle médiocre, mais dont les Allemands avaient fait un de leurs « savants »,
parce qu'il employait son modeste talent
à calomnier les indigènes, ses compatriotes,

et à élever un majestueux piédestal à la
« kultur » germanique. Rarement un
homme mit tant de fiel à combattre les
patriotes alsaciens et plus d'enthousiasme
à glorifier l'Allemagne. L'archiviste Hauwiller, pour le nommer par son nom, avait
d'ailleurs été abondamment récompensé
de son zèle germanisateur et, quand il
remit à l'empereur Guillaume la plaquette
ridicule qu'il avait composée pour la restauration du Hohkoenigsburg, toute la
presse germanophile tressa des couronnes
de lauriers à cet Alsacien modèle, qui
avait enfin compris que l'avenir de son
pays se confondait avec celui du glorieux
Empire.

Hauwiller avait sans doute eu quelques
malheurs, l'an dernier. Une négligence
qu'on constata dans le règlement de certains comptes le contraignit à demander,
avant l'heure, la liquidation de sa retraite.
Les journaux officieux ne se montrèrent
pas moins indulgents pour cette défail-

lancé, tant ils savaient apprécier les services que l'archiviste congédié leur avait
rendus.

Or, ne voilà-t-il pas qu'à une personnalité française, qu'il connaissait vaguement, Hauwiller écrivait ces jours derniers :
« Enfin, l'heure de la délivrance va sonner
pour l'Alsace-Lorraine ! » N'est-ce pas déli-
cieux? La créature de M. de Putkamer,
l'Alsacien renégat qui, pendant une quin-
zaine d'années, fut l'exécuteur des basses-
œuvres du germanisme dans nos provinces,
salue le retour de son pays à l'ancienne
patrie, comme une délivrance !

Quand les officieux allemands connaî-
tront la nouvelle apostasie de leur pro-
tégé, ils en feront une maladie. Pour
moi, je ne veux voir dans cet incident
instructif que le sentiment de la déchéance
de l'Allemagne chez ceux-là même qui
eurent la foi la plus robuste dans ses destinées.

Le navire allemand fait eau de toutes

parts. Tous les rongeurs l'abandonnent
en hâte pour se sauver sur les radeaux
des alliés. A ce point de vue, il est permis
de se réjouir même du retour de transfuges
de valeur plus que douteuse. Le geste de
ceux-ci n'est pas beau, mais combien il
est symptomatique !

REPRÉSAILLES NÉCESSAIRES

Maeterlink a raison. Si on veut mettre un terme aux actes de sauvagerie destructive des Allemands, il faut d'avance prendre des gages. Dites aux barbares : « A la destruction de Bruxelles, nous répondrons par celle de Berlin. Anvers dévasté vous vaudra le bombardement de Hambourg. Ne touchez pas à Bruges, sans cela Nuremberg payera la casse et Munich nous répond de Gand. »

Bravo ! Voilà le langage qu'il faut tenir aux Boches, car c'est le seul qu'ils comprennent.

Avez-vous lu la réponse qu'a faite à un Français cet officier allemand prisonnier auquel on demandait s'il n'avait pas peur des représailles qu'exerceraient les Alliés de l'autre côté du Rhin :

— Allons donc, dit-il avec un sourire moqueur, vous êtes beaucoup trop chevaleresques pour vous venger en nous imitant.

Et il avait raison. Ne m'a-t-on pas rapporté ces paroles surprenantes prononcées par une infirmière de la Croix-Rouge, à laquelle des amis reprochaient de réserver un traitement de faveur à deux officiers allemands blessés :

— Je veux les vaincre à force de générosité.

Vous n'arriverez pas à les vaincre, madame, vous les rendrez simplement plus exigeants et... plus méprisants. Car ces gens-là ont le mépris de la faiblesse et ils ne s'inclinent que devant le fouet.

J'ai visité beaucoup de blessés allemands. Quand je leur adressais des paroles aimables, je n'en tirais absolument rien. Dès que je prenais le ton habituel de leurs sous-officiers, ils devenaient d'une extrême souplesse et répondaient respectueusement et abondamment à mes questions.

Que voulez-vous? On n'emploie pas les formules compliquées des salons du dix-huitième siècle quand on s'adresse aux anthropophages de la Nouvelle-Calédonie ; mais on leur dit simplement : « Pour chaque blanc que vous mettrez à la broche, nous massacrerons un millier de vos moricauds et brûlerons une dizaine de vos villages. » Ce langage-là est compréhensible même pour un Canaque. Les Allemands, qui se comportent en ce moment comme les naturels de Nouméa, en goûteront également la saveur acide et ils se garderont bien de reprendre leurs exploits.

Encore faut-il qu'ils sachent bien que la menace est sérieuse. Je souhaite donc que les Alliés leur fassent officiellement savoir que de terribles représailles seront exercées pour chaque nouvel acte de barbarie destructive.

Discuter avec ces gens-là est peine per-
due. Ils auront toujours le dernier mot,
comme l'a prouvé le manifeste de leurs
« savants » et la circulaire de leurs universités. A toutes les abominations que systématiquement ils commettent, ils trouveront des excuses de fait et des explications
théoriques. Dès lors, il ne reste plus qu'à
les menacer de l'application de la loi du
talion. Il était trop tôt pour le faire, quand
ils se croyaient encore vainqueurs. Maintenant que leur confiance dans le succès final
est ébranlée, il est temps de les avertir des
risques qu'ils courent.

Autrement, gare à la casse. Ils ont déjà,
pour le simple plaisir d'être malfaisants,
détruit d'incomparables chefs-d'œuvre, et,
pour écarter les dangers d'une concurrence
désagréable, rasé des fabriques et saboté
des mines. A quels excès ne se livreront-ils
pas quand, la rage au cœur, ils seront
obligés d'abandonner les territoires qu'ils
pensaient avoir définitivement conquis?

Que feront-ils de Bruges, de Gand et de Bruxelles, de Strasbourg et de Metz, s'ils sont obligés de les abandonner aux alliés vainqueurs?

Qu'on les avertisse, cependant, qu'à chaque acte de vandalisme, on répondra par des ravages équivalents sur le sol allemand, et ils y regarderont à deux fois avant de se livrer à ce jeu barbare. Et surtout que ce soit sérieux, et qu'ils s'en rendent bien compte.

Il y aurait de la folie à se montrer chevaleresque vis-à-vis de vulgaires apaches, de l'inconscience à observer les lois du duel quand on se bat avec des détrousseurs de grands chemins. Puisque les Allemands ont inauguré la guerre des brigands, qu'on leur réponde du tac au tac. A sauvage, sauvage et demi.

Soyez d'ailleurs assurés que du jour où ils sauront que la menace des représailles est sérieuse, ils changeront leur manière. Ils ne violaient le droit des gens chez les autres que parce qu'ils pensaient être à l'abri d'une réplique. Quand la possibilité du châtiment leur apparaîtra, ils sauront redevenir courtois et même, s'il le faut, obséquieux.

Les usines de la province du Rhin et de la Silésie, les mines de la Sarre et de la Ruhr, quels merveilleux otages pour les fabriques du nord de la France et pour celles de la Belgique! Fribourg, Nuremberg, Munich, Cologne et Berlin, quelles sérieuses garanties pour l'intégrité des joyaux encore subsistants de l'architecture belge et alsacienne-lorraine !

Seulement, il importe de parler haut et ferme. Que le tsar, le roi George, le roi Albert et le gouvernement de la République proclament ensemble leur ferme volonté de ne plus tolérer d'inutiles déprédations et de répondre à toute destruction inutile par des destructions équivalentes sur territoire ennemi. C'est la seule façon de sauver encore ce qui n'a pas été pillé et

incendié par les soldats du Tamerlan de
Berlin.

Je ne me lasserai pas de répéter : l'Allemand n'a que le respect de la force, il
ignore tout autre sentiment. Toutes les
théories pangermanistes, dont la guerre
actuelle et ses procédés sauvages sont
l'aboutissant logique, sont basées sur le
droit du plus fort. Dès lors, il ne reste qu'à
faire peser sur ces brutes la menace d'un
châtiment exemplaire. Il n'y a pas d'autre
moyen de les assagir.

Le temps presse. Qu'on ne tarde pas
à annoncer que la patience des alliés est à
bout. Il est évidemment très triste d'être
contraint d'en venir à des procédés de combat aussi dégradants ; mais il ne reste plus
d'autre moyen d'éviter de nouveaux et
irréparables attentats contre les trésors
artistiques des pays envahis.

" IL FAUT DÉTRUIRE CARTHAGE "

La guerre actuelle est une guerre d'extermination, voilà ce qu'on ne saurait trop répéter. Les Allemands l'ont voulue et préparée ainsi.

Depuis quarante-quatre ans, c'est le seul objectif de toute leur activité nationale. De même que les Anglais ont toujours maintenu, dans la construction de leur flotte, le principe des deux pavillons, ainsi l'état-major allemand s'est constamment appliqué à prévoir la guerre « sur deux fronts ». Ce n'était un mystère pour personne au Parlement de Berlin que l'Allemagne voulait en finir d'un seul coup avec le latinisme « dégénéré » et avec le slavisme

« barbare » ; car les sujets de l'empereur
Guillaume ont la tranquille audace de
reprocher leur « barbarie » aux Russes.

On comptait donc, on compte encore
en Prusse, sur l'écrasement des deux
grands rivaux du germanisme. Une longue
et savante préparation n'a-t-elle pas mis
entre les mains des Teutons les plus merveilleux instruments de conquête qu'on
ait jamais vus?

L'Allemagne ne serait pas capable de
fournir deux fois de suite le prodigieux
effort qu'elle fournit en ce moment. Elle
entend donc bien en finir, et pour longtemps, sinon pour toujours, avec les
nations dont elle convoite les richesses ou
dont elle redoute la concurrence. Cent fois
j'ai entendu, dans les couloirs du Reichstag, des collègues de tous les partis me
dire : « Il faudra que la France soit saignée
à blanc. Quarante milliards d'indemnité
de guerre, l'annexion d'une grande partie
de son territoire d'un côté jusqu'aux

Bouches-du-Rhône, de l'autre jusqu'à Dunkerque et Calais, la défense absolue de reconstituer son armée, un traité de commerce qui nous livrera toutes les ressources agricoles et industrielles du pays. Voilà les conditions que nous lui imposerons et qui la paralyseront au moins pour un siècle. »

La France et avec elle la Russie et l'Angleterre luttent donc pour leur existence. Si l'Allemagne était victorieuse, elles seraient toutes trois anéanties. Il n'y a aucune générosité à attendre d'un ennemi qui froidement et systématiquement veut détruire ce qui entravait son développement et son hégémonie.

Le duel qui s'est engagé ne peut plus se terminer que par la mort d'un des combattants.

Sans doute, si l'Allemagne venait à voir fléchir ses légions, nous l'entendrions faire appel à l'humanité et demander à ses vainqueurs de lui épargner de trop dures

épreuves. Elle est passée maîtresse dans
l'art de poser en victime toutes les fois que
ses coups de force ne réussissent pas. Les
Alliés feront cependant bien de ne pas se
laisser attendrir. Les pleurnichards de
demain sont les incendiaires et les massacreurs d'aujourd'hui, qu'on ne l'oublie
pas.

La guerre présente n'est pas, comme
naïvement quelques-uns se l'imaginent,
l'œuvre du seul parti militaire allemand.
Elle a été souhaitée par les intellectuels,
par les industriels, par les commerçants et
par le peuple. Le parti pangermaniste,
c'est-à-dire la puissante organisation qui a
inventé et propagé la théorie de la « race
prédestinée » à laquelle appartient de droit
la domination du monde, se recrute surtout dans les rangs des « savants » et des
professeurs. L'invraisemblable manifeste
au bas duquel les universitaires les plus
connus n'ont pas craint de mettre leurs
noms ces jours derniers a dû, sur ce point,

ouvrir les yeux des Français les plus obsti-
nés à voir encore dans l'Allemagne la
patrie « des penseurs et des philosophes ».

Les industriels allemands ont d'un autre
côté un outillage monstrueux. Soutenus
par la banque qui, de l'autre côté du Rhin,
a toutes les audaces, ils ont hérissé le territoire de cheminées d'usines. La surproduction dont, depuis près de vingt ans,
souffre l'industrie, malgré le développement
constant de l'exportation, rendait nécessaire l'ouverture de nouveaux débouchés.
De là les sacrifices énormes, allégrement
consentis par tous, pour l'augmentation
formidable des crédits militaires et maritimes. C'était là un placement à bon rendement futur. Quand il a semblé que
l'heure des réalisations avait sonné, le grand
commerce et la grande industrie de l'Allemagne ont été des premiers à pousser à la
fructueuse opération. Les mercantis de Car-
thage ont eu le sourire quand Annibal a
envahi le territoire de la République romaine.

Quant au peuple, il ne faut pas oublier qu'il avait subi le plus savant des entraînements. A l'école, on l'affolait de tirades patriotiques et on falsifiait l'histoire pour le convaincre de ses hautes destinées. A la caserne, on le préparait à des triomphes qui devaient être faciles, puisque de ses ennemis futurs on lui affirmait qu'ils étaient dépourvus de toute discipline et mal armés. Des brochures incendiaires, des conférences faites par des officiers et par des professeurs jusque dans les communes les plus modestes, des expositions patriotiques ambulantes devaient faire le reste. A l'heure présente, il n'y a plus en Allemagne d'ouvrier ou de paysan qui ne connaisse et ne se soit assimilé la théorie de « la plus grande Allemagne » devant imposer sa domination à toutes les races inférieures et qui ne chante avec conviction et enthousiasme le *Deutschland über alles* (L'Allemagne au-dessus de tout).

Et c'est parce que cette guerre était

ainsi populaire de l'autre côté du Rhin, parce qu'elle prenait chez tous les Allemands le caractère d'une lutte pour la domination universelle, qu'il ne faut pas être surpris des violences qui l'accompagnent. Quand les troupes de Guillaume II incendient des usines et détruisent les œuvres d'art qu'elles ne peuvent emporter, elles suppriment une concurrence gênante et une gloire que leur pays ne peut pas atteindre. Il n'y a pas là une de ces dures nécessités que tout conflit armé impose fatalement, mais un système, un plan arrêté d'avance. Il faut détruire les instruments de travail de l'ennemi afin que l'industrie allemande puisse conquérir sans peine de nouveaux marchés, et ses trésors artistiques, afin de mieux mettre en valeur ceux de la fadasse Germanie. Les armées de Guillaume sont donc accompagnées et suivies d'ingénieurs qui désignent à leur vandalisme les établissements qui doivent être rendus inutilisables. En Belgique et dans le nord de la France, nous avons assisté à cette œuvre savante de sabotage organisé. Nous en verrons encore bien d'autres quand les troupes allemandes seront contraintes de se replier. Le monde civilisé a protesté avec indignation contre le bombardement de Louvain, de Reims, d'Arras. Dans quelques semaines, Bruxelles, Gand et Strasbourg subiront le même sort, si on en laisse le loisir aux lâches ravageurs, dont les exploits provoquent l'enthousiasme des intellectuels de leur pays.

La mentalité allemande, telle que l'ont façonnée les brutes du pangermanisme, est une mentalité de sauvages. Voilà pourquoi la guerre actuelle ne pourra et ne devra se terminer que par le total écrasement de la race impie et cruelle. Si, mus par des sentiments de naïf humanitarisme, les Alliés faisaient grâce à l'Allemagne vaincue, la lutte gigantesque reprendrait dans dix ans et dans des conditions certainement moins favorables ; car, telle est l'âpre volonté des Allemands d'arriver quand même à l'hégémonie mondiale, que dès le lendemain de leur défaite ils prépareraient la revanche avec la même hypocrisie et le même entêtement. *Delenda est Carthago !*

II

FANTAISIES

LA LETTRE DU PETIT TOTO

Mon petit papa chéri,

Voilà Noël revenu. Alors, ce matin, maman m'a dit comme cela : « Toto, tu vas prendre huit grandes feuilles de papier et tu les rempliras de tout ce qui te passera par la tête et par le cœur. Je te promets de ne pas jeter de regard indiscret sur ta lettre ; tant pis si elle fourmille de fautes d'orthographe. Il faut que papa ait, là-bas dans les tranchées, l'impression de t'avoir bien seul avec lui, comme lorsqu'il te prenait le soir sur ses genoux, recueillait la confession des péchés de ta journée et, pour ta pénitence, te donnait une demidouzaine de gros baisers dans le cou, à la place où sa barbe te chatouillait si fort. »

Alors, quoi, j'y vais. Et d'abord, papa chéri, tu constateras que maman m'a calomnié, puisque je ne fais plus de fautes d'orthographe. Tout le monde est devenu sérieux depuis le commencement de la guerre et je fais comme tout le monde. Plus que des « très bien » sur mes bulletins.

On parle toujours d'héroïsme, autour de moi. Eh bien ! j'en fais aussi à ma manière, puisque je travaille sans presque aucune distraction et que je ne remplis plus la maison de mes cris de Sioux et de Mohican. Yvonne trouve même que je deviens « rasoir » et que je la fais à la pose. Tu sais, elle n'est pas héroïque, cette pauvre Yvonne. Je l'ai vue pleurer, en cachette il est vrai, quand maman nous a proposé de renoncer aux cadeaux de Noël et d'en verser le prix à une ambulance. Je sais bien que la gosse n'a encore que huit ans, elle ne comprend pas, tandis que j'en aurai bien-

tôt treize et que je sais qu'il faut se priver
du superflu pour venir en aide à ceux qui
manquent du nécessaire.

Il y a plus de quatre mois que tu nous
a quittés, papa chéri. Et pourtant tu restes
toujours parmi nous. Notre première et
notre dernière prière est pour toi ; tu y
prends même une place si large qu'il n'en
reste presque plus pour les autres.

Et puis, à table, ton couvert est mis
comme à l'ordinaire. Maman n'oublie
jamais de placer un petit bouquet dans
ton verre. Même que le jour où nous avons
appris que tu avais été cité à l'ordre du
jour, elle a piqué au milieu des fleurs une
branche de laurier. Dis, pourquoi le laurier
est-il l'arbre des héros?

J'ai crâné à l'école le lendemain. Les
camarades m'ont regardé avec de gros
yeux pleins d'étonnement et de respect
quand on leur a dit que tu avais enlevé une
batterie aux Boches. Entre nous, je me
gobe moi-même depuis que je suis le fils

d'un héros ; car le professeur t'a donné du
« héros », gros comme le bras, après avoir
lu à haute voix, en classe, le journal où on
racontait ton exploit. C'est tout de même
chic d'avoir un papa comme toi. Je t'ai-
mais bien autrefois, mais maintenant je
t'aime davantage, et comment dirai-je?
plus profondément.

Ah ! que je voudrais être grand pour
pouvoir t'imiter. Je te promets par exemple
que tu n'auras jamais à rougir de moi.
Tu as mis tant d'honneur et de gloire
autour de notre nom, comme dit maman,
que je ne pourrais pas le salir.

Et maintenant laisse-moi te raconter
ce qui s'est passé, après ton départ, quand
nous sont arrivés les premiers récits de
bataille. Tu sais que je suis très raisonneur.
Maman me l'a bien souvent reproché.
Alors, tu prenais ma défense et tu disais :

Laisse-le donc présenter ses objections, il
veut tout comprendre et cela vaut mieux. »

Or, au catéchisme, notre vicaire venait

de nous faire d'amers reproches parce qu'il nous avait surpris en train de poursuivre à coups de pierres un chien errant :

— Ce n'est pourtant qu'une bête, que je lui ai dit, et, là-bas en Belgique, on tue des hommes et ceux qui les tuent sont couverts d'éloges par les journalistes.

M. l'abbé s'est mis à rire et cela m'a vexé. Or, quand je suis vexé, je me hérisse. Voici donc comment nous nous sommes disputés, le vicaire et moi.

— Voyons, Toto, est-il permis, oui ou non, de guillotiner, de pendre ou de fusiller les assassins?

— Sans doute ; mais les soldats, c'est pas des Deibler.

— Pourquoi pas? Quand les criminels sont plusieurs millions et qu'ils sont bien armés, il faut bien que ceux qui doivent les punir soient aussi nombreux et aient d'aussi bonnes armes qu'eux.

— Soit ! mais il faudrait encore prouver que les Boches sont des criminels.

7

— Toto, je vais faire une supposition. Un chemineau entre dans votre maison et il veut frapper madame votre mère. Que ferez-vous?

— Oh ! je le zigouillerai sans scrupules.

— Et vous serez tout excusé. Eh bien ! les Allemands voulaient frapper la France, et la France c'est notre maman à tous. Alors, vous saisissez, il est juste, équitable de les..., comment disiez-vous donc? ah ! oui ! de les zigouiller.

Ce raisonnement m'a bouché un coin, comme nous disons à l'école, et je n'ai plus trouvé, pour me tirer honorablement d'affaire, que de crier : « Chic cela ! » aux applaudissements de tous mes camarades.

Cependant, comme le vicaire avait un petit air de triomphe qui m'agaçait, j'ai continué à discuter.

— Tout de même, monsieur l'abbé, je ne suis pas encore absolument convaincu. Vous avez comparé les Boches à des assas-

sins ; mais les assassins, avant de les exé-
cuter, on les juge.

— Quand on en a le temps et le pouvoir.
Savez-vous, Toto, ce que c'est que la loi du
lynch?

— Un peu, puisque nous avons lynché
l'autre jour le gros Pataud.

— Je m'en suis bien aperçu ; mais
j'ai fait semblant de ne pas le voir.

— Même que je vous ai vu sourire pendant que vous tourniez le dos. Mais aussi,
pourquoi Pataud ne cessait-il pas d'abuser
de sa force pour tourmenter les pauvres
gosses? Alors nous nous sommes mis à
quatre pour le corriger. Il n'en menait pas
large quand nous l'avons mécanisé à coups
de poings.

— L'aviez-vous d'abord jugé suivant
toutes les règles de la procédure?

— Allons donc ! on s'est rapidement
concerté et on a cogné tous ensemble.

— Absolument comme les Français, les
Anglais et les Russes, quand ils ont vu

que les Allemands tourmentaient sans raison les Serbes et les Belges.

Cette fois j'étais battu... comme un
Boche. Et j'ajouterai que j'étais content de
l'être ; car voilà la pensée qui m'était
venue. Le bon Dieu a fait comme M. l'abbé.
Quand les alliés sont tombés à bras rac-
courcis sur ces brigands d'Allemands,
il a fait semblant de ne rien voir et il a
même eu le sourire. Ma conscience est donc
tranquille. Plus tu mettras de méchants
ennemis hors de combat et plus le petit
Noël sera content et plus, moi, je serai fier.

Maman nous abandonne un peu depuis
que la guerre est déclarée. Elle soigne des
blessés pendant plusieurs heures par jour
à l'ambulance de la Croix-Rouge. En rentrant, elle nous raconte des histoires de
bataille, creuse des tranchées, tire le canon
et charge à la baïonnette. Tu ne la recon-
naîtrais plus, cette bonne, chère petite
maman. En nous racontant les exploits
de ses « enfants » (car notre famille s'est

accrue de tous ses blessés), elle a une flamme dans les yeux et elle traduit par de grands gestes la scène qu'elle nous décrit. On croirait vraiment qu'elle y était.

Yvonne est quelquefois tellement effrayée qu'elle se tasse sur sa chaise et se bouche les oreilles pour ne plus rien entendre. Ces filles, ça n'est qu'un paquet de nerfs !

Drôle quand même, comme cette guerre nous a changés. Ainsi, tiens, un petit détail. Tu sais comme je suis gourmand. Eh bien ! quand on en vient au dessert, il m'arrive souvent de n'y pas toucher, et cela ne me coûte aucun effort, puisque je pense : « Papa et ses soldats n'en ont pas dans leurs taupinières ». Mon lit est bien douillet. Tu me croiras, si tu veux ; mais j'en ai retiré un matelas pour coucher un peu plus dur. Quand maman s'en est aperçue, elle a d'abord voulu refaire la couchette. Puis elle a réfléchi un instant, m'a longuement embrassé (j'ai même senti deux grosses larmes couler de ses yeux sur mon front) et elle s'est bornée à me dire : « Je comprends, c'est très bien ce que tu as fait là, mon enfant. »

Très bien ! pourquoi? Cela m'était venu tout seul.

Pourtant il m'arrive quelquefois d'être triste. Il y a tant de morts, tant de blessés sur les champs de bataille, et ici tant de deuils ! Combien j'ai vu défiler chez nous de pauvres femmes et de pauvres enfants en noir, avec de gros yeux rougis ! Est-ce que j'ai mauvais cœur ? je n'arrivais pas cependant à les plaindre ; mais j'avais envie de m'agenouiller devant eux, de leur baiser les mains et de leur crier : « Merci ! » Je n'arrive pas très bien à saisir pourquoi. Peut-être que toi, qui lis si bien dans mon âme, tu pourras me l'expliquer.

Bien que Noël ne doive pas m'apporter de livres et de jouets cette année, je mettrai quand même mon soulier sous la cheminée, et dans mon soulier, je mettrai une lettre pour le petit Jésus. Voici ce que je lui écrirai :

« Petit Jésus, mon papa est au front. Je l'aime de tout mon cœur et je ne sais pas ce que je deviendrais s'il venait à me manquer. Protégez-le donc contre les balles et les obus ; mais que surtout son courage ne soit pas perdu et qu'il puisse voir la France victorieuse. »

Et puis, tu sais, petit papa chéri, si nous pensons toujours à toi, cela suffit pour nous rapprocher. Ne pense donc pas trop à nous ; car cela pourrait te distraire de ton bon et beau travail.

Mille caresses de ton

Toto.

" CE CHER BERNARD "

Une indiscrétion nous a permis de prendre copie de la lettre que M. de Bülow a adressée de Lugano à un de ses amis de Berlin :

Lugano, le 25 mai.

Mon cher ami,

Je vous écris sur la table cahotante de mon wagon-salon, au moment où nous venons de passer, Muhlberg et moi, la frontière italienne. Si mes pensées sont un peu confuses, attribuez-les d'un côté aux trépidations du véhicule, de l'autre à une succession d'événements inattendus qui m'ont quelque peu secoué.

Jusqu'au dernier moment, j'avais pensé arrêter les disciples de Machiavel sur la pente où quelques enragés essayaient de les entraîner. Si vous saviez le plaisir que j'éprouvais à croiser le fleuret avec ces fins escrimeurs qui réagissaient élégamment à chaque nouveau coup de pointe. J'avais la sensation que Salandra et Sonnino ne s'amusaient pas moins que moi à ce jeu à la fois aimable et serré ; mais en même temps je supposais que jamais nous n'en viendrions ni d'un côté, ni de l'autre, à démoucheter les lames.

Vous connaissez l'histoire de ma mission. Le patron m'avait fait venir à Berlin. J'en avais éprouvé quelque satisfaction. Quand le petit Guillaume avait brutalement congédié Bismarck, un peu comme on donne ses huit jours à un domestique, le chancelier de fer avait grommelé : « Le roi me reverra. » Or, l'empereur-roi n'avait pas « revu » le fondateur de l'Empire. Par contre, il a dû rappeler son « cher Bernard ». Comprenez-vous la joie maligne que j'en ai ressentie?

— L'Italie m'inquiète, me dit Guillaume. Vous seul pouvez la... rouler. (Parfaitement, c'est « rouler » qu'il a dit. Il n'y a plus aucun inconvénient à l'avouer aujourd'hui.) Comment pensez-vous vous y prendre?

J'ai réfléchi un instant, puis regardant mon impérial interlocuteur dans les yeux, je lui ai lâché l'énormité que voici :

— Si nous lui offrions le Trentin?

Guillaume a eu un sourire entendu :

— Tout de même, fit-il observer, le Trentin ne nous appartient pas. Que dira mon cousin de Vienne?

— Oh ! fis-je, sera-t-il nécessaire de lui en parler? Pourvu que Burian et Tisza soient du complot.

— Mais l'offre ne saurait être sérieuse.

— Sire, ai-je dit qu'elle le serait?

— Tout de même, si les Italiens exigeaient l'exécution immédiate du contrat?

— N'y a-t-il pas la question des délimitations qui nous permettra de gagner du temps?

— Beaucoup de temps?

— Assez pour que les troupes de Votre Majesté soient victorieuses.

Le patron a daigné approuver mon plan. Comme, cependant, il ne voulait pas me faire croire qu'il obéissait à mes suggestions :

— J'y avais déjà pensé, fit-il négligemment.

Puis avec la moue que je lui connais depuis 1908 :

— Vous êtes très fort, mon cher Bernard, déclara-t-il, j'avais déjà eu l'occasion de m'en apercevoir.

Ce fut la seule allusion à nos différends de jadis. Quand je sortis de mon audience, j'avais pleins pouvoirs et on m'avait ouvert à la caisse de Helferich un crédit illimité. Décidément, je rentrais par la grande porte après avoir été chassé par l'escalier de service. Le roi m'avait revu.

Hélas ! il va encore me revoir et j'ai peur que cette nouvelle entrevue ne soit quelque peu orageuse. A tout hasard, j'ai préparé mon petit discours : « Sire, dirai-je à mon maître, j'ai tout tenté pour vaincre d'insurmontables résistances. J'avais même su m'assurer des concours précieux. Pourquoi faut-il que les procédés de guerre de vos généraux aient rendu vains tous mes efforts? Les Italiens sont des artistes et des poètes. Nous les traitons dédaigneusement de joueurs de mandoline, mais les airs qu'ils exécutent le plus volontiers chantent l'amour, la beauté, la pitié. Ils avaient eu un premier sursaut d'indignation après Louvain, ils protestèrent avec véhémence quand fut bombardée la cathédrale de Reims. Quand le *Lusitania* fut coulé, leur horreur s'exprima en phrases incendiaires. Bernhardi a tort : la guerre ne doit pas être inhumaine. A voir tant de crimes inutiles, l'ennemi s'exaspère et les neutres s'inquiètent. Nos généraux sont de mauvais psychologues. Comment voulez-vous que les diplomates parlent un langage courtois et policé quand ceux qu'ils ont mission de représenter pillent, massacrent et violent?

« Et puis, il y a toujours cette malheureuse phrase de Bethmann-Hollweg sur les chiffons de papier. Mon brave successeur est un honnête homme ; mais l'honnêteté et l'habileté sont rarement sœurs. Il est des choses qu'on fait sans les dire et d'autres qu'on dit sans les faire. Or, Bethmann a cru habile d'appeler par son nom l'opération qu'il voulait entreprendre et d'avouer en outre que c'était là plus qu'un acte fortuit, un principe, une théorie gouvernementale.

« Si vous saviez combien de fois, dans mes négociations laborieuses avec Sonnino, je voyais réapparaître le chiffon du conseiller de Votre Majesté? C'était une véritable hantise. Plus mes offres se précisaient et plus je voyais la méfiance s'accentuer. Vous ne vous montreriez pas si condescendant, semblait dire mon interlocuteur, si vous ne pensiez pas me reprendre à la première occasion ce que vous vous laissez arracher sous la pression de circonstances exceptionnelles.

« Voilà, Sire, pourquoi, tout en y mettant toutes les ressources de ma diplomatie et toutes les sommes que généreusement vous aviez mises à ma disposition, je n'ai pas réussi dans mon entreprise. Et puis, pourquoi Votre Majesté avait-elle cru devoir envoyer à Rome ce gros pataud d'Erzberger ? En voilà un qui a mis, comme on dit vulgairement, les deux pieds dans le plat. Les Italiens, si fins, si déliés, ont été littéralement médusés par les grossièretés, les vaines menaces et le rire épais de cet hippopotame. Même la Cour pontificale s'en est scandalisée. Si c'est là le type du parfait Allemand, disaient les Romains, que le Ciel nous préserve de nous compromettre en si vulgaire compagnie. Erzberger avait d'ailleurs profité de son séjour dans la Ville Éternelle pour, suivant sa vieille habitude, amorcer quelques grosses affaires.

« Est-il, dès lors, surprenant que ma mission n'ait donné que des résultats négatifs? »

L'empereur acceptera mes explications. Il passe en ce moment par une de ces périodes de mélancolie noire pendant lesquelles on peut tout lui dire. Il ne sortira de son abattement que pour maudire son fils aîné, les pangermanistes et le parti militaire. Ce ne sera pas la première fois que je l'entendrai proférer ces imprécations. Il me semble l'entendre :

— Cette guerre, je ne la voulais pas. On m'a forcé la main. Elle me coûtera ma couronne. J'étais le premier souverain du monde, bientôt les déments auront fait de moi un simple électeur de Brandebourg.

Vous seul, mon cher Bernard, pouviez me sauver. Bethmann-Hollweg est un niais et Reventlow un fou furieux.

Hélas ! cette reconnaissance tardive de ses torts ne saurait plus le sauver. Il est perdu, mon cher ami, et nous le sommes avec lui. Demain, la Roumanie nous prendra à revers ; après-demain, ce sera la Grèce, et la Bulgarie elle-même finira pas nous accabler. Il ne manquerait vraiment plus que les États-Unis pour nous achever. Or, j'ai vaguement dans l'idée que Tirpitz poussera l'empereur à se brouiller encore avec Wilson. Plus ils seront à la curée et moins ils nous laisseront de laine sur le dos.

J'avais espéré opérer une plus belle sortie du théâtre politique. L'échec de l'Allemagne atteint mon prestige personnel. Tant pis ! Je retourne à la lecture des classiques, elle me consolera des déboires de l'heure présente. Qu'il est doux de se promener avec Horace sous les ombrages

calmes et parfumés de Pestum, quand,
au loin, les hommes s'entretuent et les
cathédrales s'effondrent.

Bien vôtre,

BERNARD, PRINCE DE BULOW.

Pour copie conforme :

E. WETTERLÉ.

III

TÊTES DE BOCHES

L'EMPEREUR

L'Empereur ! Figure énigmatique qui, durant de longues années, sollicita la curiosité de l'Europe. Que d'articles lui furent consacrés, que d'études psychologiques il provoqua ! Tous les littérateurs voulaient pénétrer le mystère de son âme complexe, et beaucoup, faute d'en avoir deviné la désespérante insignifiance, lui prêtèrent les pensées les plus profondes et les plus vastes desseins. Autour de son trône s'élevait un concert de louanges hyperboliques et de malédictions apeurées. Et grisé par ces admirations et par ces haines, l'impérial histrion perdait encore

le peu de raison que les plats courtisans
de son entourage lui avait laissé. Il ne
pouvait plus esquisser un geste qui ne fût
théâtral, s'appliquait à ne plus parler
qu'en formules lapidaires et passait son
temps à prendre des attitudes symbo-
liques devant l'objectif sans cesse braqué
sur son auguste personne.

Guillaume II adore la photographie.
Jamais souverain n'a si souvent posé
devant les professionnels et les amateurs
du kodak. Les générations futures con-
naîtront toutes les expressions étudiées de
son visage. Les plaques de gélatine ont
immortalisé ses mélancolies et ses fureurs,
ses méditations et son sourire. Nos arrière-
petits-neveux sauront que le troisième et
dernier empereur allemand possédait
une collection de quatre cents uniformes,
sans compter d'innombrables costumes de chasse et de soirée. Le souverain a en effet la mentalité d'un acteur
pour cinéma et d'un magasinier d'acces-

soires pour théâtre. Pour lui, la vie n'est qu'une perpétuelle représentation de gala où, sur la scène, il se réserve le premier rôle.

Est-il intelligent? Oui, si on prend pour de l'intelligence ces connaissances superficielles et cette facilité de parole qu'acquièrent tous ceux qui fréquentent beaucoup le monde et s'y épuisent en vains papotages. Non, si par intelligence on entend une compréhension complète, parce que appliquée, des sujets sur lesquels l'esprit s'appesantit. Guillaume II, parce qu'il sait tout, ne sait rien comme il faut. Son esprit inconstant papillonne sur toutes les fleurs de la pensée sans se reposer sur aucune. L'étude suivie le rebute.

Un exemple entre mille. Les ministres prussiens et les secrétaires d'État de l'Empire viennent plusieurs fois par semaine au rapport chez l'Empereur. La plupart d'entre eux, connaissant la versatilité de son tempérament, se contentent d'amorcer la conversation, puis patiemment ils écoutent les banalités dont leur maître verbeux les assomme. Or il se trouva un jour parmi ces hommes d'État un philosophe têtu qui prit son rôle d'informateur au tragique. C'était le comte Posadowski, le réformateur des lois d'assurance. Toutes les fois qu'il était reçu au palais, il exposait ses projets avec une inlassable patience à l'Empereur que cette insistance exaspérait. Guillaume II avait fini par ne plus desserrer les dents quand Posadowski lui présentait un rapport. Par contre, il s'amusait à faire évoluer ses deux bassets favoris entre les jambes du secrétaire d'État jusqu'à ce que celui-ci fermât ses dossiers d'un geste découragé et demandât la permission de se retirer. Quand un beau matin le comte « à la barbe de fleuve » reçut la lettre bleue qui lui annonçait sa disgrâce définitive, personne n'en fut surpris. M. de Posadowski avait eu le tort de prendre Guillaume II au sérieux.

Le touche-à-tout impérial ne s'imagine pas moins être un génie universel. On sait qu'il se croit peintre de talent et compositeur de musique génial, fin littérateur et subtil critique d'art autant qu'invincible stratège. Quand sur son yacht luxueux il fait sa croisière annuelle sur les côtes de Norvège, c'est lui qui préside à l'office religieux du dimanche, et ses sermons ont été réunis et publiés en volume. Il lui arrive souvent, devant ses invités ahuris, de prendre le bâton du chef de musique et de battre la mesure avec des gestes bouffons de maëstro forain. Qui ne connaît son étrange tableau sur le péril jaune et sa pesante statue de saint Michel? Dans les couloirs du Reichstag furent longtemps exposés des graphiques représentant la force respective des flottes de guerre et qui étaient signés d'un énorme *Wilhelm I. R.* (*imperator, rex*). Les journaux démocratiques ont souvent plaisanté les théories autoritaires du souverain en matière d'art.

Nulle part d'ailleurs plus qu'en Allemagne on ne s'est amusé des prétentions à l'universalité de l'homme-orchestre. Très drôle le qualificatif que souvent les sujets de Guillaume II, agacés par ses déconcertantes fantaisies, lui donnaient pour souligner leur impatience : *der ächte Franzosenkaiser* (un véritable empereur pour Français).

Les soirées du château impérial suent l'ennui, quand elles ne sont pas égayées par la présence de quelques hôtes étrangers. L'Empereur parcourt d'un œil inquiet les coupures de journaux que les employés de la chancellerie ont savamment choisies et collées sur de grandes feuilles de papier blanc. Il lui arrive parfois d'écrire en marge une note rapide. C'est ainsi qu'un jour, irrité de l'opposition stérile des socialistes allemands, il traça d'un crayon rageur ces mots que M. de Bulow cita ensuite au Reichstag : « Ah ! que n'avons-nous un Millerand ! » Guillaume II doit

avoir été confirmé dans ce jugement depuis
que le ministre français de la Guerre lui a
taillé tant et de si désagréables croupières.
Il est vrai que les socialistes allemands lui
ont également donné, depuis lors, quelques
satisfactions appréciables.

On a souvent plaisanté le mysticisme de
Guillaume II. De fait, l'Empereur consi-
dère Dieu, non pas comme son protecteur,
mais comme son obligé. Il parle en son nom
et le traite en frère cadet. Ce Dieu est-il
celui des chrétiens? Nul ne saurait le dire,
surtout depuis que le souverain allemand
s'est proclamé protecteur officiel de l'Islam.
Est-ce celui de la Réforme? Nouvelle
énigme, puisque, dans sa récente procla-
mation aux Polonais, l'Empereur affirmait
que la Vierge lui était apparue. Est-ce celui
des anciens Germains, Wotan ou Odin?
Peut-être bien, puisque Guillaume affecte
toujours de parler du « vieux » Dieu des
Allemands. Son cœur est un Panthéon
où, pourvu qu'il puisse s'attribuer les

fonctions de grand prêtre, peu lui importe l'autel devant lequel il pontifie.

Cabotin partout et toujours, Guillaume II se transforme en séducteur dès qu'il se trouve en présence d'étrangers qu'il veut éblouir. Il multiplie alors ses sourires et ses prévenances, affiche des allures dégagées et familières, se montre simple et affable. Plus aucune pose, semble-t-il, et cependant jamais il ne « pose » davantage. Que d'observateurs superficiels se sont laissés prendre à ce jeu et nous ont rebattu les oreilles de la grâce charmante du souverain en veston et en pantoufles !

Ah ! oui ! parlons-en de la douceur souriante de cet homme qui, par son autoritarisme capricieux et brutal, exaspère parfois à ce point son entourage qu'un jour un de ses officiers de marine le souffleta et s'en fut ensuite dans sa cabine pour se brûler la cervelle !

Guillaume II veut sans cesse être adulé. A ceux qui l'enivrent de leurs adorations il pardonne leurs pires écarts de conduite. Eulenburg n'a pas encore été jugé, au grand scandale de la nation allemande, et la camarilla, malgré les dénonciations de Harden, est encore toute-puissante à la cour.

Parce que Bismarck n'avait que du dédain pour l'inexpérience de son jeune maître, celui-ci congédia brusquement le fondateur de l'Empire. L'onctueux et souple chancelier de Bulow commit un jour l'imprudence de ne pas défendre son souverain devant le Reichstag ameuté. Dès lors Guillaume II entreprit contre son ministre une lutte sournoise qui devait amener la chute rapide de l'homme d'État.

Guillaume II n'est pas brave. Son oncle avait raison de le qualifier de « valeureux poltron ». Devant une opposition consciente de sa force, l'empereur semble toujours céder ; mais il ne pardonne pas à qui l'a humilié et il finit toujours, tant son égoïsme est tenace, par se venger des résistances qui l'exaspèrent. Il n'est même constant que dans ses haines. Si, petit à petit, le peuple allemand a été envahi par la phobie de l'Anglais, cela tient surtout à la persistance des rancunes de l'empereur. Guillaume II en veut à l'Angleterre d'avoir, suivant une phrase célèbre de Bismarck, vicié le sang des Hohenzollern ; il n'a pas oublié davantage le mépris dont Édouard VII l'accablait. Quand il proclama que « l'avenir de l'Allemagne était sur les mers » et qu'il inaugura sa ruineuse politique d'armements maritimes, il pensait avant tout à prendre la revanche de ces humiliations personnelles.

Pour cet homme, la vie ne fut qu'un perpétuel spectacle. Il espérait la finir dans une apothéose. Le destin en a décidé autrement. Et ce n'est que justice, puisque, dans son impatience de grimper sur la scène, il n'avait pas pu attendre que son père, l'empereur Frédéric, fermât les yeux.

IL DEMENAGE

Guillaume II déménage, au sens physique du mot, heureusement ; car il serait vraiment dommage qu'il ne pût pas assister, en pleine conscience, à l'effondrement de son Empire. Ce sont ses tableaux du château de Hohkœnigsbourg que le souverain allemand a fait hâtivement transporter à Berlin.

Les toiles ne méritaient pas **tant** de sollicitude. Mais ne chicanons pas Guillaume pour ses goûts artistiques. Ses propres sujets en ont déjà souvent parlé avec irrévérence. Toujours est-il que ce déménagement produit en Alsace un effet désastreux. Si l'empereur sauve ses trésors artistiques, c'est donc qu'il les croit en danger. Il n'a plus foi dans la victoire de l'Allemagne. Qui donc pourra dorénavant encore y croire dans son Empire?

La perte du Hohkœnigsbourg sera particulièrement sensible à l'amateur couronné, qui avait pensé, en restaurant la ruine romantique et vénérable, élever un impérissable monument à l'art germanique. De fait, Guillaume avait inspiré, par ses fantaisies architecturales, la verve de Hansi, dont l'album sur le castel reconstruit est une des œuvres les plus pittoresques et les plus amusantes.

Les Alsaciens ont tous gardé le souvenir attendri des majestueuses ruines qui couronnaient un des plus hauts pitons des Vosges. Ils se détournent, en bougonnant, du château flambant neuf, qui les a remplacées.

Le Hohkœnigsbourg appartenait jadis à la ville de Schlestadt, qui ne savait qu'en faire, l'entretien de cette propriété étant plutôt onéreux. Un kreisdirector, qui rêvait d'obtenir de l'avancement, et un maire qui était désireux de faire fleurir sa boutonnière, eurent l'idée d'offrir le vieux château à l'empereur, qui n'avait pas encore pignon sur rue en Alsace. Guillaume II accepta avec empressement. Ne lui fournissait-on pas l'occasion de se livrer à un de ses sports favoris : la reconstitution des anciens donjons seigneuriaux ?

Seulement, voilà. Le souverain avait bien sous la main un architecte complaisant ; mais sa cassette particulière était vide. Il s'adressa donc aux parlements de Berlin et de Strasbourg pour la remplir. Les débats furent épiques. Cependant, les ministres l'emportèrent. Aux députés alsaciens, on avait fait entendre que Guillaume II, satisfait du gros pourboire demandé, manifesterait d'une façon éclatante sa royale gratitude. On vota donc, dans chaque Parlement, des crédits de 1 400 000 marks.

Avec ces quatre millions de francs, Bodo

Ebhard, l'architecte choisi entre cent, put se livrer à toutes les inspirations de son imagination maladive. Les documents manquaient, il les remplaça par son art divinatoire, et, sur les assises rondes de l'ancienne tour, pour ne citer que cet exemple, il construisit un donjon carré. L'ensemble du nouvel édifice est du plus disgracieux effet ; mais qu'importait à l'artiste et à son mécène (mécène avec l'argent des autres, s'entend) ?

Toute l'Alsace s'amusa de cette restauration. La cérémonie d'inauguration fut du dernier grotesque. L'empereur avait ordonné qu'on organisât un défilé historique. Tous les musées furent mis au pillage pour affubler de vieilles armures les fonctionnaires les plus graves du pays. Tel vieux conseiller à lunettes d'or était perché, la poitrine prise en une cuirasse rouillée et le chef couronné d'un casque aux lanières pourries, sur un vieux cheval de labour. Telle grande dame avait remplacé les

toilettes de chez Tietz par les hardes
lamentables d'une ribaude du moyen âge.
Et il y en avait des centaines, de ces gro-
tesques figurants, qui, sous l'averse, défi-
laient tristement devant la tente aux cré-
pines d'or où le souverain allemand dai-
gnait les honorer d'un sourire. Détail amusant, ce triste cortège se traînait péniblement au milieu de milliers de parapluies,
qui n'avaient rien de médiéval. Le lendemain, toute la presse se fit des gorges
chaudes de la déconvenue de Guillaume II.
L'impérial metteur en scène avait raté son
effet. Seul, M. de Bulach devait tirer quelque profit de la ridicule cérémonie, parce
que, dans sa munificence, l'empereur l'avait
gratifié du titre de « sénéchal du Hohkœnigsbourg », sans doute pour le consoler
de ne plus porter sur les basques de son
habit la clef d'or de chambellan, dont
Napoléon III avait gratifié son père.

Guillaume II adore les reconstitutions
du passé. Quand il eut fait restaurer, et

comment ! le camp romain de la Salbourg, près de Francfort, il prescrivit également que ses conseillers s'affublassent de costumes antiques. On eut toutes les peines du monde à l'empêcher de revêtir lui-même la toge jaune des Césars, qu'un tailleur berlinois avait, pendant quelques jours, exposée dans les vitrines de sa devanture et qui, sans avoir été portée, alla rejoindre, dans la garde-robe impériale, les quatre cents uniformes du souverain.

L'Alsace-Lorraine devait tirer quelque avantage de la restauration du Hohkœnigsbourg, puisque c'est du château que fut daté le décret qui abolissait la dictature. Guillaume II avait tenu parole, le pourboire, bien que mal employé, n'était pas perdu.

Que faudra-t-il faire du château neuf, quand les troupes françaises auront reconquis l'Alsace? Je serais navré qu'on le détruisît. Il faut que ce monument du mauvais goût germanique soit conservé pour l'édification de nos arrière-petits-neveux. Et puis il pourra, au moins pour un temps, trouver son emploi. Si Guillaume II est fait prisonnier (et il y a quelque raison de penser que ce malheur le menace), on ne saurait trouver de prison plus idéale pour l'impérial restaurateur. Du haut des remparts du château, le souverain contemplera les plaines fertiles de l'Alsace, et cette vue augmentera ses regrets et ses remords.

Sa présence dans le château fera d'ailleurs monter la recette, car Guillaume est un propriétaire soucieux de ses intérêts. En effet, pour pouvoir visiter le Hohkœnigsbourg, propriété personnelle de l'empereur, il fallait payer un mark d'entrée. Pour porter une couronne, on ne néglige pas les petits profits. Les recettes étaient déjà bonnes, quand le château était désert, car tous les pangermanistes d'Allemagne croyaient devoir faire leur pèlerinage au Hohkœnigsbourg, comme

les musulmans font celui de la Mecque.
Jugez donc de ce qu'elles seront lorsque
le souverain allemand l'habitera en compagnie des ombres des preux chevaliers et
de la dame blanche !

LE LOUVETEAU

Après les grandes manœuvres où l'empereur Guillaume s'était, suivant son habitude, fait battre outrageusement et où, pour se venger de ce que les experts militaires n'eussent pas admiré ses superbes, mais invraisemblables charges de cavalerie, il avait fendu l'oreille à une demidouzaine d'officiers généraux, je m'entretenais avec un de mes collègues du Reichstag, ancien général lui-même, du danger que présenterait pour l'armée allemande, le tempérament brouillon du souverain :

— Soyez tranquille, me répondit le député (c'était un Sudiste), toutes les mesures ont été prises. Le jour même de la mobilisation, l'empereur sera poliment, mais fermement, invité à ne plus s'occuper de stratégie. Le chef d'état-major général ne permettra pas qu'un impulsif, sans connaissances techniques sérieuses, sabote ses plans de campagne.

Il semble bien que, durant les premières semaines de la guerre actuelle, le général de Moltke ait agi conformément à ces indications. Guillaume II se promenait d'un front à l'autre dans son train de luxe, crème et bleu. Il faisait monter et démonter sa maison transportable, tantôt en Lorraine, tantôt en Silésie, se tenant toujours loin du feu, car il n'est pas brave ; mais n'intervenait pas non plus dans les décisions du haut commandement, pour ne pas s'attirer des remarques déplaisantes.

Seul, son fils aîné, ce prince au profil de mouton, avait obtenu un commandement effectif. Son père le jalousait pour cela, comme il l'avait déjà jalousé auparavant pour la popularité, d'ailleurs ridicule, que lui avait faite le parti militaire.

J'ai vu bien souvent le kronprinz passer
dans les rues de Berlin dans son automo-
bile ouverte. Long, mince, les traits pâles,
le regard sans aucune expression, le jeune
officier avait toujours sur les lèvres ce
sourire bébête de satisfaction que donne la
suffisance. Il était visiblement heureux de
recueillir les marques d'admiration dévote
que lui prodiguait la foule, à laquelle les
pangermanistes avaient dit et répété que
tout l'avenir de la plus grande Allemagne
reposait sur sa tête de dégénéré.

Guillaume II, qui fut, comme on le sait,
le plus mauvais des fils et dont les impa-
tiences indécentes pendant l'agonie de l'empereur Frédéric firent scandale, subit la loi
du talion. Son aîné a pour son tempérament
de bourgeois un mépris souverain et il ne se
donne même pas la peine de le dissimuler.
Il fut des premiers à souhaiter que l'action
de l'impérial velléitaire fût paralysée pendant les opérations de la campagne présente. Il comptait d'ailleurs prouver que

ses talents militaires, à lui, étaient à la hauteur de son manque de respect filial et c'est un peu pour cela qu'il demanda et obtint le commandement d'une des principales armées sur le terrain occidental de la guerre.

Ce qu'il y fit, chacun le sait à cette heure. L'armée du kronprinz fut, en effet, la première à lâcher pied à l'aile gauche allemande pendant la bataille de la Marne, et elle entraîna la retraite de toutes les autres unités. Le prince Frédéric-Guillaume faillit être fait prisonnier et sa fuite fut piteuse. Le général von Kluck exigea qu'on éloignât immédiatement le stratège maladroit qui lui avait fait perdre le fruit de plusieurs semaines d'efforts heureux.

Le prince s'en fut donc porter ailleurs sa science militaire. On raconte qu'il se distingua surtout dans la guerre, non pas de tranchées, mais d'alcôves. Frédéric-Guillaume de Prusse est pourtant un grand admirateur de Napoléon Ier. Dans le bureau

de travail de son palais des Linden, à Berlin, on n'a pas compté moins de dix por-
traits du Petit Caporal, statuettes, bustes,
eaux-fortes. Hélas ! il ne suffit pas d'être
le dévot d'un grand homme pour hériter
de son génie.

L'empereur a-t-il été mécontent des
mésaventures de son fils? J'en doute.
peut-être même a-t-il éprouvé quelque satisfaction personnelle de voir les généraux
hautains, dont le mépris l'accablait, réussir
si mal dans leurs entreprises. Il avait sa
revanche, comme il l'eut en 1907, lorsque,
après avoir été humilié publiquement, durant les fameuses journées de novembre,
par de Bulow, il débarqua le chancelier,
qui ne pouvait plus s'entendre avec le
Reichstag.

Guillaume II n'oublie jamais les atteintes
qu'on porte à son orgueil de souverain de
par la grâce de Dieu. Devant une violente
opposition, il semble céder d'abord ; mais,
avec une obstination sournoise, il finit tou-

jours par user ses adversaires, et, quand il croit le moment venu de les accabler, il les écrase sous le talon de sa botte impériale. Tous ceux qui l'approchent connaissent ce trait de son caractère. Bismarck en fut la première victime, M. de Bulow l'avant-dernière.

M. DE BETHMANN-HOLLWEG

M. de Bethmann-Hollweg a une mauvaise presse. Il ne mérite pas mieux ; car son dernier discours manque autant d'allure que de sincérité.

Le cinquième chancelier de l'Empire n'est pas encore revenu de la surprise qu'il éprouva quand, en 1909, l'empereur lui confia la direction des affaires.

Grand, mal bâti, ne sachant que faire de ses longs bras qu'il balance constamment d'un mouvement rythmique le long de son corps voûté, M. de Bethmann-Hollweg est le type du bureaucrate, mâtiné d'un philosophe. Il fut longtemps le collaborateur de M. de Posadowski au secrétariat de l'intérieur. Quand un caprice de Guillaume II écarta du pouvoir l'homme à la longue barbe, il devint le successeur de ce dernier et se plongea dans l'étude de la sociologie, où il parvint à une certaine maîtrise.

En ce temps-là, M. de Bulow, pour sortir des embarras financiers dans lesquels sa politique de casse-cou l'avait précipité, avait eu l'idée de créer le bloc des gauches et faisait aux démocrates et aux socialistes une cour assidue, au grand scandale des conservateurs et des centristes. Nul ne le seconda davantage dans cette entreprise que M. de Bethmann-Hollweg, et nombreux furent ceux qui l'accusèrent à cette époque d'être l'inspirateur de l'évolution du chancelier.

C'était mal le connaître. Le secrétaire d'État à l'intérieur était resté ce qu'il avait été de tout temps, l'homme de la discipline bureaucratique. Le chef commandait, il obéissait, sans se permettre de discuter et d'apprécier les ordres reçus.

Le moment vint où la situation de M. de Bulow parut intenable. En Prusse, un ministre qui essaye de combattre les conservateurs est rapidement usé. M. de Heydebrandt avait déclaré qu'il n'aurait plus ni cesse ni trêve qu'on lui apportât la peau du chancelier démocrate. M. de Bulow, ayant commis l'imprudence de mal couvrir l'empereur, après la publication de l'étonnante interview du *Daily Telegraph*, sa situation était devenue intenable à la cour. Guillaume II, dont les rancunes sont inventives, l'avait néanmoins forcé à rester au pouvoir pour l'obliger à liquider le problème financier qui paraissait insoluble. De fait, M. de Bulow, acculé aux pires difficultés par suite de ses faiblesses pour la gauche, dut capituler honteusement devant les exigences des conservateurs et du centre, et il ne tomba qu'après avoir publiquement avoué et regretté ses erreurs. Jamais homme d'État n'avait été contraint à pareille reculade à la veille de sa retraite,

Or, il se trouvait que M. de Bethmann-Hollweg avait suivi son chef dans toutes ses évolutions. M. de Bulow ayant été sacrifié aux haines conservatrices, il semblait que son plus fidèle, mettons son plus aveugle collaborateur, ne fût nullement désigné pour lui succéder.

L'Allemagne moderne est cependant d'une pauvreté désespérante en hommes de réelle valeur. N'a-t-elle pas remplacé M. de Marschall de Bieberstein à Constantinople et à Londres, par des médiocrités comme le comte Wagenheim et le prince Lichnowski, dont les derniers événements ont encore mis en relief la désespérante insignifiance? Ce qui complique encore le choix d'un chancelier, c'est la personnalité encombrante de l'empereur, qui prétend gouverner lui-même et dont l'humeur capricieuse oblige son premier conseiller à de perpétuels changements d'attitude.

Plusieurs noms furent mis en avant pour la succession de M. de Bulow. MM. de

Marschall et de Schorlemer étaient les
favoris. A l'effarement général, ce fut M. de
Bethmann-Hollweg qui décrocha la tim-
bale dorée. Guillaume II voulait un simple
expéditionnaire, il l'avait trouvé. Le Reichstag fit un accueil plus que réservé au nouveau chancelier. La droite ne lui pardon-
nait pas d'avoir soutenu si énergiquement
la politique d'aventures de M. de Bulow.
La gauche le considérait comme un trans-
fuge et un traître, puisque M. de Bethmann-
Hollweg consentait à gouverner avec une
majorité nouvelle. De tous les côtés, on
s'accordait d'ailleurs à reconnaître que
rien ne préparait ce rond-de-cuir des
bureaux de l'Intérieur à prendre la direction des Affaires étrangères.

M. de Bethmann-Hollweg tint tête à
l'orage. Il avait la confiance de son souverain et cela suffisait à son esprit médiocre.
Son caractère n'est pas rigide, son éloquence manque de souffle. Il n'a pas de
grands desseins et ne s'embarrasse pas de

la recherche de savantes combinaisons. Dès les premiers jours de son gouvernement, on s'aperçut qu'il vivrait au jour le jour, se laissant porter par les événements vers des destinées inconnues. Il allait chercher le mot d'ordre au palais impérial, subissait également l'influence variable des bureaux, changeait constamment d'amis au Parlement. La Cour tirait à *hue*, les ambassadeurs à *dia*. M. de Bethmann-Hollweg se laissait traîner en sens contraire sans jamais rien perdre de sa sérénité philosophique. J'imagine que cet homme inconstant devait, dès que les bureaux étaient fermés, se plonger dans la lecture de Sénèque et de Tacite pour oublier les soucis d'une charge dont le poids l'accablait.

Il s'était d'ailleurs mis sérieusement à l'étude des problèmes dont il était appelé à trouver la solution. Le chancelier allemand est un homme consciencieux. Il potasse la politique étrangère comme un élève studieux prépare ses examens, sans

enthousiasme, mais avec application. Le
sujet était nouveau pour lui et, dans les
débuts, il éprouva quelque embarras à l'a-
border. M. Hamman, la peu scrupuleuse
éminence grise des chanceliers et leur four-
nisseur attitré de bons mots, était heureusement là pour maintenir les traditions de
duplicité de la politique prussienne et il
devait trouver en M. de Bethmann-Hollweg
un disciple soumis.

Ne nous étonnons donc pas de voir le
cinquième et le plus honnête chancelier de
l'Empire allemand se jeter à corps perdu
dans le mensonge et la calomnie. M. de
Bethmann-Hollweg n'a aucune personnalité. Il fut dès la première heure, il
restera jusqu'au bout un instrument docile
sur lequel un souverain détraqué et des
collaborateurs sans conscience joueront
tous les grands airs qu'ils voudront. On me
dirait que les bureaux sont arrivés à persuader le chancelier de l'agression longuement préparée des alliés que je n'en serais

nullement surpris. Ce grand naïf a la foi du
charbonnier. Il est assez intelligent pour se
rendre compte de son insuffisance. Dès
lors, il s'en rapporte aux autres pour éclai-
rer sa religion et lui dicter sa ligne de conduite. Son action est aussi flottante que
son geste, sa parole aussi incertaine que sa
pensée. Il parle toujours avec la même
conviction, même quand, à quelques jours
d'intervalle, il croit devoir soutenir des
thèses qui se contredisent. Chacun de ses
discours était attendu avec une curiosité
inquiète au Reichstag, parce qu'il était
impossible de prévoir ce qu'on y trouverait.

M. de Bulow avait déjà l'esprit inconstant ; mais il exécutait ses pirouettes ora-
toires avec une suprême élégance. Chez
M. de Bethmann-Hollweg, les évolutions
sont toujours pesantes. Il ne prend pas la
peine de les masquer ou il n'y réussit pas.

Pacifiste, il le fut sincèrement, tant que
l'empereur résista aux entraînements des
sociétés patriotiques. Il devint guerrier le

jour où le maître, sous la pression de l'opinion publique, tira son sabre du fourreau. Il avait certainement l'intention de se montrer honnête dans ses rapports avec les puissances étrangères, et les ambassadeurs louèrent d'abord sa droiture et son urbanité. Dès que cependant la politique de conquête devint le pivot de la diplomatie allemande, il dépassa en duplicité M. de Bulow lui-même. Et il le fit simplement, naturellement, avec une candeur déconcertante.

Du temps de Bismarck, l'Allemagne était gouvernée par en haut. Sous M. de Bethmann-Hollweg, elle est gouvernée par en bas. Le fantoche couronné, qui prétend être son propre chancelier, n'a pas de volonté, mais seulement des caprices. Son premier ministre n'a ni l'une, ni les autres. Est-il dès lors surprenant que le parti militaire et les associations pangermanistes aient précipité l'Empire dans les pires aventures? M. de Bethmann-Hollweg

accepte de couvrir ces folies de sa responsabilité. Tant pis pour lui. Dans l'Histoire,
il apparaîtra comme un personnage falot,
aux contours mal définis et à l'individua-
lité inexistante.

LE PRINCE DE BULOW

Il faut que Guillaume II ait attaché une
importance énorme au maintien de la
neutralité italienne pour qu'il ait fait
appel au dévouement de M. de Bulow. En
effet, jamais en Prusse un homme d'État
tombé du pouvoir n'y est rappelé. Ce
serait reconnaître que jadis, en le remer-
ciant, le souverain s'était trompé. Or,
le roi doit être, ou à peu près, infaillible.

Pour une fois, l'empereur s'est déjugé.
Et pourtant combien de motifs n'avait-
il pas pour garder une rancune particulière à son ancien conseiller? C'était
en novembre 1908. Guillaume II venait
de donner au *Daily Telegraph* une interview retentissante qui avait fait scandale.

Or, il fut démontré plus tard que le texte
de l'interview avait été communiqué au
chancelier. Celui-ci l'avait-il lu attentivement, ou bien, habitué aux effusions
irréfléchies de son maître et n'y attachant
aucune importance, s'était-il borné, sans
même le parcourir, à mettre sa griffe sur
un coin du manuscrit? Nul ne le saura
jamais ; car M. de Bulow s'est bien gardé
de le faire savoir à ceux qui anxieusement
l'interrogeaient.

Une interpellation eut lieu au Reichstag.
La discussion se prolongea durant trois
interminables séances. Jamais souverain
ne dut subir pareilles attaques. Les ora-
teurs de la gauche tiraient à boulets rouges
sur le Trône, et le président, que les violences de la presse avaient rendu indulgent
à l'excès, laissait passer, sans les relever,
les termes les plus injurieux, alors qu'en
temps ordinaire il est de tradition au Parlement allemand de ne point nommer et
de ne même point désigner l'empereur,

dont la personne auguste doit rester complètement étrangère aux débats.

Les représentants des partis monarchiques parlèrent à leur tour avec une énergie attristée. Les conservateurs eux-mêmes, oubliant leur loyalisme intransigeant, reconnurent que Guillaume II avait cette fois dépassé la mesure. Dans les couloirs, les délits de lèse-majesté se commettaient à la douzaine et à la grosse en présence et à la barbe des plénipotentiaires du Conseil fédéral : « L'empereur est fou, disait-on couramment, il faudrait l'enfermer dans un cabanon, comme le roi Othon de Bavière. Qui donc nous débarrassera de cet insupportable bavard? »

Or, quel fut, pendant ces journées orageuses, l'attitude du prince de Bulow, de celui que Guillaume II appelait familièrement son « cher Bernard » ? Affalé sur son siège, les traits tirés, le regard perdu dans une douloureuse rêverie, le grand comédien jouait avec un art consommé le rôle de la victime innocente. Quand autour de la tête de son maître éclataient les plus grosses « marmites », il avait un petit geste résigné qui semblait souligner son impuissance à parer les coups. Par deux fois, il prit la parole, d'abord pour déclarer que, ministre de l'empereur, il acceptait la lourde, l'écrasante responsabilité de la faute commise, mais on devinait qu'il le faisait comme les menins des fils de rois acceptaient jadis les étrivières destinées à leur condisciple princier ; et puis ce fut pour déclarer, avec une pointe d'orgueil, qu'il avait obtenu de Guillaume II la promesse que dorénavant le souverain s'imposerait une plus grande réserve.

Cette dernière déclaration fut couverte d'applaudissements. M. de Bulow, devant le Parlement insurgé, était grandi par l'épreuve, d'où l'empereur-roi sortait diminué. Il avait réussi à humilier celui qui avait brisé Bismarck. Et, pour qui savait

observer le jeu de sa physionomie, sous
l'apparente tristesse des paroles martelées
avec une lenteur voulue, la joie triomphante
du diplomate vainqueur perçait visiblement.

L'entrevue entre l'empereur et le chancelier avait été très mouvementée, on le
savait. Dans les couloirs du Reichstag,
on racontait que M. de Bulow en était
revenu pâle et tremblant. Il ne laissa pas
ignorer qu'il avait offert avec insistance
sa démission au souverain exaspéré. Guillaume II ne l'avait cependant pas acceptée
pour deux motifs : il ne voulait pas d'abord
reconnaître au Parlement le droit exclusi-
vement régal de renverser un ministre, et
puis le prince de Bulow s'était engagé
à procéder à la grande réforme financière,
dont l'urgence était indiscutable, et il semblait qu'il pût seul la réaliser avec l'étrange
majorité des partis de gauche qu'il avait
su s'assurer en rompant avec toutes les
traditions de la monarchie.

Pendant les six mois qui suivirent, le chancelier dut gouverner sans prendre contact avec l'empereur, qui, ostensiblement, l'évitait. Guillaume II n'attendait que le moment favorable pour congédier le conseiller qui l'avait trahi. Il ne se montrait plus en public, ne se déplaçait plus, ne prononçait plus aucun discours. Et, petit à petit, son opposition hypocrite, mais implacable, lui ramenait les sympathies qui s'écartaient du chancelier. Au lendemain du vote des 500 millions d'impôts indirects que M. de Bulow dut accepter de la main de ses pires adversaires sous une forme qu'il désapprouvait, l'empereur fit comprendre à M. de Bulow que l'heure de la retraite avait sonné pour lui, et ce fut, la tête basse, au milieu de l'abandon de ses amis et de l'indifférence de tous les groupes parlementaires que le quatrième chancelier de l'Empire disparut.

Voilà ce qu'il fallait rappeler pour

bien faire comprendre combien la désignation de .M. de Bulow pour le poste d'ambassadeur intérimaire de l'Allemagne à Rome est, d'un côté, anormale, et, de l'autre, symptomatique.

L'Allemagne contemporaine est horriblement pauvre en hommes d'État de valeur. Le prince de Bulow est un des rares diplomates qu'elle possède.

Bel homme et beau parleur, il a de soi-même une opinion très favorable et il n'en fait aucun mystère. A ce propos, qu'on me permette de rappeler un souvenir personnel.

Un journaliste parisien, M. de N..., s'était rendu, en 1907, à Berlin et m'avait exprimé le désir d'être admis à une réception de la Wilhelmstrasse. Je m'en ouvris au prince d'Aremberg, qui était un des commensaux habituels de M. de Bulow. Les négociations furent longues et pénibles ; car, peu de temps auparavant, M. de N... avait publié sur Guillaume II un ouvrage où l'empereur allemand était jugé sans aménité. Néanmoins, le chancelier finit par céder. Il fut d'une amabilité extrême pour notre confrère. Or, quelques jours plus tard, le prince d'Aremberg vint me trouver dans les couloirs du Reichstag. Il était furieux : « Eh bien ! me dit-il, il est gentil, votre ami ! On le reçoit avec la croix et la bannière et pour en marquer sa reconnaissance, il insulte son hôte ! — Mais, fis-je observer, j'ai lu les articles de M. de N... dans l'*Echo de Paris*, ils sont extrêmement élogieux. — Élogieux ? Mais lisez donc ! » et le prince me mit sous les yeux la phrase qui avait provoqué la colère du chancelier : « M. de Bulow a une tête quelconque. »

Notez bien que le journaliste avait relevé les hautes qualités intellectuelles, l'extrême facilité de parole, la politesse exquise du chancelier. Hélas ! tout cela n'avait aucune valeur, puisqu'il avait trouvé qu'au physique M. de Bulow ne se distinguait pas du

premier bourgeois venu. Le premier fonctionnaire de l'Empire était, en effet, très
fier de sa personne, presque autant que le
brave Bassermann, qui, pourtant, lui
aussi, a plutôt les apparences d'un garçon
coiffeur endimanché.

Ce petit travers peint l'homme tout
entier. M. de Bulow pose toujours pour la
galerie. Cela ne l'empêche pas d'ailleurs
d'avoir un esprit très souple, mais d'une
souplesse particulière, sans cesse préoc-
cupée de l'effet à produire. Son interlocuteur, pour peu qu'il ne soit pas dépourvu
de tout sens d'observation, a l'impression,
à quelque classe sociale qu'il appartienne,
que l'ancien chancelier veut le dominer
par le charme de sa parole, de son geste, de
toute son attitude. M. de Bulow cherche
à plaire toujours et partout. Il est coquet
comme une femme.

Féminin encore son art de se dérober.
Tous les diplomates qui fréquentaient
la Wilhelmstrasse à l'époque où le qua-

trième chancelier de l'Empire y trônait,
savent que rarement on pouvait amener
M. de Bulow à préciser sa pensée et, plus
rarement encore, compter sur les assurances qu'il s'était laissé arracher. C'était
l'anguille agile qui, sans cesse, glissait
entre les doigts dans une fuite gracieuse.

Les Italiens ont pu s'en convaincre
durant les dernières semaines. Le diplomate allemand a procédé d'abord par
insinuations, puis par promesses vagues,
puis encore par offres trompeuses ou
insuffisantes. Il croyait, en ouvrant la
conversation, pouvoir laisser entrevoir que
l'Autriche consentirait à quelques sacrifices. Comme cela ne suffisait pas, et il
savait fort bien que même M. Giolitti ne
pouvait pas s'en contenter, il a précisé —
mais avec quelle prudence et quelle
réserve ! — la nature de ces concessions.
Le marchandage a ensuite commencé,
âpre, lent, méticuleux. Chaque semaine,
la future frontière de l'Italie reculait de

quelques kilomètres. La date de la cession
faisait l'objet de nouvelles conversations.
Les Italiens pourraient-ils occuper leurs
nouveaux territoires avant ou après la
fin des hostilités? Et, entre temps,
M. de Bulow recevait des parlementaires
et des journalistes et, devant ces interlocuteurs médusés, il déployait tous les
charmes de sa conversation alléchante.
Je ne parlerai que pour mémoire des
fonds secrets dont l'ambassadeur savait
faire un emploi abondant et judicieux.
C'est qu'il se trouvait à l'aise dans ce
milieu.

M. de Bulow, bien qu'il ait des manières
très policées et une culture intellectuelle
remarquable, est, en effet, resté Prussien
dans l'âme. Devant l'adversaire ou le rival
qu'il veut séduire, il déploie toutes les ressources de l'homme aimable. Quand, au
contraire, il se croit le maître, le fond brutal de sa nature réapparaît brusquement.
En veut-on la preuve? Bismarck avait

inauguré, dans les provinces polonaises de la Prusse, la politique de « colonisation ». Caprivi et Hohenlohe, avec des fortunes diverses, poursuivirent cette politique qui coûta fort cher au budget prussien sans donner de résultats appréciables. Cependant, aucun des trois premiers chanceliers n'avait pensé à mettre les Polonais, sujets prussiens, hors la loi. Ce fut le prince de Bulow qui se décida à commettre froidement cet attentat contre le droit des gens en faisant voter par les deux Chambres de la monarchie, la loi d'expropriation.

Comprendra-t-on jamais tout ce qu'il y avait de monstrueux à décréter que des citoyens prussiens pourraient être dépossédés, uniquement parce qu'ils étaient les descendants d'une race déterminée ? A l'expropriation pour cause d'utilité publique, l'homme du monde, le charmeur que prétendait être M. de Bulow, ajoutait l'expropriation pour cause d'origine du propriétaire. Aucune législation connue ne

renferme de dispositif aussi profondément canaille (le mot n'est pas trop fort).
Et, pourtant, M. de Bulow mit une véritable passion à vaincre les résistances du
Parlement prussien pour faire voter « sa »
loi, et ces résistances furent considérables ;
car, même les conservateurs, qu'inquiétait
l'atteinte portée au droit de propriété,
refusèrent d'abord de suivre le chancelier
dans la voie où délibérément il s'engageait.

Voilà l'homme ! Des dehors affables
et brillants qui recouvrent et cachent un
fond de brutalité native. Le vrai Prussien
dur et cruel sous les apparences d'un
Athénien délicat.

M. de Bulow a, cette fois, eu affaire à
forte partie. Les Italiens, diplomates nés,
ne se sont laissé berner ni par ses promesses, ni par ses menaces. Ils voulaient gagner du temps, ils l'ont gagné et
l'hôte de la villa Malta, quand il plia
bagages, dut s'avouer à lui-même qu'il
avait été, mais là maîtrement, roulé.

L'ANCIEN MINISTRE
VON HEERINGEN

M. de Heeringen, ancien ministre allemand de la Guerre, a parlé. Connaissez-vous M. de Heeringen? Non ! Eh bien ! laissez-moi vous le présenter. De taille au-dessus de la moyenne, de forte corpulence, la barbe poivre et sel coupée court et en rond, le geste rare et menu, affligé d'un dandinement agaçant, le général von Heeringen voudrait bien se donner les allures d'un militaire ; mais il n'en a nullement l'apparence. Il fait l'effet d'un bon bourgeois mobilisé. Sa parole est embarrassée, son regard incertain. Il affecte cependant des manières cassantes. Au Reichstag, où l'avait précédé le général von Eymen, un

homme élégant, de bonnes manières et
doué d'une facile éloquence, il reçut un
accueil plutôt frais et il n'arriva jamais à
gagner des sympathies qu'il semblait d'ailleurs ne pas rechercher. On tenait ses capacités d'organisateur en médiocre estime.
Comment la faveur impériale s'était-elle
égarée sur ce personnage massif, fermé,
bougon? Nul ne le sut jamais et la surprise
fut médiocre quand le général von Heeringen fit place à M. von Falkenhayn, qui
avait au moins les dehors d'un chef s'il n'en
possédait pas les capacités.

Depuis le début des hostilités, M. de
Heeringen a peu fait parler de lui. Il eût
été surprenant que dans cette épaisse car-
casse habitât l'âme d'un fin stratège. Par
contre, ceux qui connaissent l'homme
trouveront tout naturel qu'il se révèle
comme une des brutes les plus forcenées
dans une armée où il y en a tant et de si exceptionnelles.

C'est donc l'ancien ministre de la Guerre

prussien qui, dans une interview, a essayé de justifier les destructions de monuments historiques auxquelles les officiers du kaiser se sont déjà livrés et se livreront encore à l'avenir : « Le sang allemand, a dit le général en appuyant ses déclarations d'un sourire niais, vaut mieux que les monuments français. Quand le moment viendra de prendre Reims, si les Français ne l'abandonnent pas, j'ordonnerai le bombardement et la responsabilité des destructions leur incombera. »

Cette menace est d'abord un aveu. C'est donc bien le général von Heeringen qui jusqu'ici a dirigé les opérations allemandes devant Reims et qui a détruit systématiquement la cathédrale. Son nom passera donc à l'Histoire comme celui du plus odieux des vandales. Ses canonniers ne cessent d'arroser la malheureuse ville de leurs obus incendiaires. Près de 2 000 civils non combattants ont déjà payé de leur vie les barbares fantaisies de cet assassin en uniforme.

Quant au reste, n'est-ilpas grotesque et odieux d'entendre un général allemand déclarer que si les Français n'évacuent pas spontanément la ville ouverte de Reims, quand il prendra fantaisie à M. von Heeringen de l'occuper, ils porteront la responsabilité de sa destruction ? Ne rappelons pas au sinistre bonhomme qu'il existe des conventions de Genève et de la Haye. On sait que la *Gazette de Cologne* a soutenu la thèse stupéfiante que voici : la Turquie, alliée de l'Allemagne, n'a pas signé ces conventions ; donc, nous sommes affranchis de l'obligation de nous y soumettre.

Peut-être sera-t-il plus utile et plus efficace de faire remarquer au général allemand que sa singulière argumentation pourrait bien se retourner prochainement contre ses propres compatriotes. Le moment ne semble pas très éloigné où les armées alliées pénétreront en Allemagne. En appliquant les théories de M. von Heeringen, il leur serait facile de réduire rapidement la résistance de

l'ennemi : « Abandonnez-nous volontairement votre territoire ; sinon, nous le dévas-
terons complètement et vous porterez la
responsabilité de ces destructions systéma-
tiques », diraient leurs généraux.

Il est à noter que jusqu'ici les Allemands
ont partout et toujours procédé de cette
façon ; mais aucun d'entre eux n'avait
encore eu l'impudeur d'ériger ces pratiques
sauvages à la hauteur d'un principe. M. von
Heeringen aura eu le triste honneur d'at-
tacher son nom à cette formule nouvelle
du droit des gens.

Reims ne se rendra pas d'ailleurs pour
si peu. L'héroïque cité est bombardée
depuis des semaines ; la cathédrale, orgueil
de la chrétienté, dresse vers le ciel les moi-
gnons mutilés de ses tours pour protester
contre la barbarie germanique ; mais la
population civile préfère les douleurs et les
ruines du siège aux hontes de l'occupation.
Les Allemands sont riches d'une désillu-
sion et d'un opprobre de plus.

Leur compte débiteur s'allonge interminablement dans le grand-livre de la civilisation. Ce n'est que plus tard qu'on connaîtra tous les crimes qu'ils ont accumulés pendant ces quelques mois, et alors l'humanité tout entière se dressera pour cracher son indignation à la face de ces brutes.

DERNBURG

L'empereur allemand a envoyé M. Dernburg aux États-Unis pour y prêcher le
nouvel évangile pangermaniste. L'ancien
secrétaire d'État aux colonies est, comme
M. de Bulow, qui l'appela au pouvoir, un
revenant de la politique « blocarde » de la
période 1903-1908 ; car l'Empire allemand
eut son bloc des gauches. M. de Bulow, que
les conservateurs refusaient de suivre dans
sa politique antiagrarienne, avait un instant rêvé de se créer une majorité qui fût
allée des nationaux-libéraux de Bassermann aux socialistes de Bebel en passant
par les démocrates unis sous la houlette
de ces mauvais bergers qui s'appelaient
Muller-Meiningen et Wiemer.

L'entreprise donna des résultats médiocres. D'un côté, les socialistes s'évadaient presque toujours des troupes gouvernementales dès que se posaient des questions économiques ; de l'autre, l'aile droite des nationaux-libéraux, que des voisinages compromettants alarmaient, cherchait à renouer ses anciennes bonnes relations avec les conservateurs. M. de Bulow n'en fut pas moins amené, par ses amitiés nouvelles, à provoquer ou à subir les fameuses journées de novembre, où il refusa de couvrir l'empereur. Je pose bien l'alternative à provoquer ou subir ; car on n'a jamais bien pu établir si, en cette circonstance, M. de Bulow avait voulu humilier son maître pour mieux pouvoir le dominer, ou bien si, surpris par les événements, il n'avait pas su faire acte de courage et d'autorité.

Ce qu'on ignore généralement, c'est que M. Dernburg fut le principal agent de la politique nouvelle du chancelier.

Son arrivée au pouvoir avait provoqué une surprise générale. Comment, un simple directeur de banque, qui n'avait jamais passé par la filière administrative, et qui par-dessus le marché était d'origine bourgeoise et israélite, avait-il pu être nommé secrétaire d'État aux colonies? Les hobereaux de l'extrême-droite avaient crié au scandale. Dans les rangs du centre également, on avait fait un accueil plus que réservé au nouveau venu qui passait pour être anticlérical. Seuls, les libéraux, qui se souvenaient des services considérables que leur avait jadis rendus Miquel, saluèrent avec enthousiasme la brusque élévation de l'inconnu auquel l'empereur confiait un important portefeuille.

De Dernburg, homme d'affaires entendu, Guillaume II et son chancelier attendaient qu'il mît en exploitation rationnelle les colonies qui jusqu'alors avaient été administrées par des assesseurs sans connaissances pratiques. Disons de suite que l'expérience ne donna aucun résultat et qu'après l'aventure des diamants du Sud-Ouest Africain, l'ex-banquier s'en alla sans laisser de regrets.

Toujours est-il que Dernburg inaugura ses fonctions par un coup d'éclat. C'était le 13 décembre 1906. Le Reichstag venait de refuser un crédit peu important. Il s'agissait du maintien de quelques compagnies des troupes d'occupation dans le Sud-Ouest Africain, désormais pacifié. La séance du Parlement s'annonçait comme devant être houleuse. Elle fut tragique. Le nouveau secrétaire d'État fut violemment critiqué. Il répondit avec cette froide impertinence qui est la caractéristique de son talent : « Il faut, s'écria-t-il à un moment donné, que l'abcès purulent soit crevé. » Cet abcès purulent était le parti de M. Erzberger, de l'homme qui, à l'heure actuelle, s'est attelé à la même besogne que M. Dernburg. Les crédits furent rejetés. Le chancelier se leva, sortit la fameuse serviette rouge qui ne paraît que dans les grandes circonstances et, à la surprise générale, lut le décret de dissolution du Reichstag. M. Dernburg, pour son coup d'essai, avait provoqué un des plus graves conflits parlementaires que l'Allemagne eût connus depuis 1871. Quelques semaines plus tard, 80 socialistes siégeaient sur les bancs du nouveau Reichstag. La politique de M. de Bulow et de son nouveau collaborateur avait eu pour premier résultat de doubler d'un seul coup les mandats de l'extrême-gauche.

A signaler d'ailleurs que si le chancelier devait continuer à évoluer vers la gauche, M. Dernburg, au contraire, ne tarda pas à se rapprocher de M. Erzberger et, par celui-ci, du centre. Les deux hommes s'étaient compris, ils avaient le même penchant pour les grandes affaires. L'ex-banquier et l'ex-instituteur, qui vivaient un peu en marge des partis, étaient également pangermanistes par intérêt personnel. Quand Dernburg, que le centre avait d'abord si violemment combattu, fut congédié brutalement par son maître, Erzberger pleura la disgrâce de celui qui l'avait enrichi.

Dernburg est un homme d'une cinquantaine d'années. Grand et large d'épaules, il a la figure d'un Oriental, pâle, encadrée d'une barbe noire très drue. La lèvre supérieure un peu courte, découvre constamment une belle denture. Sa démarche est chaloupée comme celle d'un marin, son attitude manque toujours de distinction. On dirait qu'il affecte d'avoir des manières inélégantes. Au Reichstag, il se présentait toujours en veston et tenait ses mains habituellement dans les poches. Il parlait sans préparation, avec une négligence apparente qui devait excuser la brutalité de ses expressions. Il mettait, de toute évidence, une certaine coquetterie à ne pas être confondu avec ses collègues toujours corrects et guindés, qui le « faisaient

à la pose », tandis qu'il tenait à paraître
« bon garçon ». Avec cela le patriotisme
farouche de l'homme d'affaires qui, dans
les succès de l'Allemagne, voyait la possibilité pour lui et ses amis de gagner beaucoup d'argent.

L'empereur, qui a eu tant de caprices
et si peu de vraies affections, s'était
engoué de ce grand gamin, aux gestes
dégingandés et à la parole facile qui
l'amusait de ses boutades. Il s'en fatigua
cependant bientôt et la disgrâce du secrétaire d'État fut aussi rapide et aussi complète que l'étonnante faveur dont il avait
joui.

Comment, après être tombé si vite et
de si haut, Dernburg a-t-il été chargé
d'une mission importante en Amérique?
Ce n'est explicable, comme d'ailleurs aussi
la nouvelle fortune de M. de Bulow, que
par l'embarras dans lequel se trouvent
actuellement l'Allemagne et son souverain.
Guillaume II a fait son *meâ culpâ*. L'ancien

chancelier et l'ancien secrétaire d'État
lui ont accordé un généreux pardon. Et
voilà comment M. Dernburg étonne les
Américains par l'extraordinaire sans-gêne
qui lui est coutumier. Le bonhomme est
bien resté, ce qu'il était toujours, audacieux, impertinent, provoquant de gaîté de
cœur les pires conflits, parce qu'il se croit
assez fort pour leur donner, à force d'audace, une solution favorable aux intérêts
de ses commettants. Il n'est pas de ceux qui
se livrent à des manœuvres souterraines,
comme le comte Bernsdorf. Il préfère
aborder l'obstacle de face. Pour ceux qui
ne connaissent pas ce beau joueur, son
attitude agressive est une surprise. Il con-
tinuera cependant jusqu'au jour où les
Yankees, fatigués de tant de provocations,
le mettront carrément à la porte, comme
les Italiens viennent de chasser son ami
Erzberger. (C'est fait.)

BASSERMANN

M. Bassermann a parlé.

Connaissez-vous M. Bassermann? Non?
C'est dommage ; car le personnage résume
et synthétise une caste et une époque en
Allemagne.

Grand, bien étoffé, portant beau, le
leader du parti national affecte une tenue
et des manières d'une suprême élégance.
Il pontifie toujours. Ses gestes maniérés,
la recherche de son langage en ont fait
une sorte d'idole ambulante. Avant, d'ailleurs, d'exiger les adorations des autres,
M. Bassermann s'adore lui-même. Jamais
homme n'étala pareille suffisance. Il était
de tradition au Reichstag de faire remarquer que quand M. Bassermann prome-

naît son encombrante personne dans les
couloirs, il n'y restait plus de place pour
ses collègues. Le chef des nationaux-
libéraux répandait d'ailleurs autour de lui
un parfum entêtant ; il devait, plusieurs
fois par jour, vider sur ses vêtements tout
un flacon d'odeurs. Ce dernier trait suffira
peut-être à le caractériser. Comme M. de
Bulow, dont il fut le concurrent plus que
le collaborateur, il était plutôt une jolie
femme qu'un bel homme.

M. Bassermann avait fait un très riche
mariage qui lui permettait, à lui l'avocat
jadis besogneux de Mannheim, d'éblouir
de son luxe ses amis politiques moins
bien partagés. Et pourtant les électeurs
lui furent toujours infidèles. N'étant jamais réélu deux fois de suite dans la même
circonscription, il était devenu le candidat
ambulant de son parti, ce qui ne l'empêchait pas de jouer un rôle considérable au
Reichstag, où, malgré sa très réelle insuffisance intellectuelle, il avait fini par imposer

à des hommes de beaucoup plus grande
valeur le respect de sa morgue insupportable.

Il fut un des grands artisans de la
guerre actuelle. Orgueilleux par nature,
militariste par destination, il soutint toujours les projets d'augmentation de l'armée, et souvent obtint du Reichstag qu'on
les élargît au delà des prévisions de l'état-
major.

C'est surtout la politique étrangère
dont M. Bassermann s'était fait d'ailleurs
une spécialité, et il y préconisait, sans se
lasser, les solutions brutales. Nul ne
s'employa davantage à brouiller les cartes
lors des incidents marocains. Il mit le
même empressement à envenimer l'affaire
de la légion étrangère. Ses discours,
qui n'étaient que des mosaïques d'articles
de la presse pangermaniste, suaient la
haine. Les chanceliers, aussi bien M. de Bulow que M. de Bethmann-Hollweg, se
servaient de M. Bassermann pour faire dire

à la tribune ce qu'ils ne pouvaient et ne voulaient pas dire eux-mêmes. On écoutait donc très attentivement les déclarations de l'orateur libéral ; car on était sûr d'y trouver la pensée de derrière la tête des hôtes de la Wilhelmstrasse. Même quand il semblait faire de l'opposition, M. Bassermann restait ainsi gouvernemental jusqu'aux os.

Quand, en 1901, M. de Bulow, alors encore secrétaire d'État aux affaires étrangères, présenta le grand plan de réfection de la flotte allemande, et que, pour enlever un vote favorable à la commission du budget, il y déclara, en séance secrète, que la guerre avec l'Angleterre était non seulement possible, mais encore probable dans un avenir relativement prochain, M. Bassermann fut un des premiers à soutenir avec ardeur la même thèse, comme plus tard, pour faire passer les augmentations successives des effectifs de l'armée, il ne cessa de préconiser la guerre « sur deux fronts ».

Comme Erzberger, du centre, cet ancien
instituteur, que son activité brouillonne
avait poussé au premier rang dans un Parlement où les hommes de talent étaient si
rares, M. Bassermann était parfaitement
au courant des plans de l'état-major. Il
ne comptait que des amis au ministère de
la Guerre.

Pourquoi cette longue introduction?
Parce que M. Bassermann vient de publier,
dans les *Munchener neueste Nachrichten*,
le journal pangermaniste de Bavière, un
article où nous lisons les déclarations suivantes :

« Personne, en Allemagne, n'a voulu la
guerre. Seuls d'infâmes menteurs ont pu
parler d'un parti de la guerre. L'empereur
était un prince pacifique ; son chancelier
ne tendait qu'à améliorer les rapports avec
les peuples qui nous étaient hostiles, et le
peuple ne songeait qu'à cultiver en paix ses
champs ou à se livrer pacifiquement à son
commerce ou à son industrie. Mais telles

les nuées noires, poussées par un vent de tempête, s'abattent sur une vallée paisible, nous avons été assaillis à l'est et à l'ouest. Des hommes d'État légers et sans conscience qui, depuis longtemps, se riaient de la naïveté allemande avaient tissé contre nous une toile d'alliances et de traités.

« Maintenant que le plus paisible des peuples a été sans raison contraint à la guerre, maintenant que les hommes d'État anglais, qui ont chargé leur conscience du crime le plus sanglant qui ait jamais existé, cherchent, avec l'aide des Russes, des Français, des Gourkhas, des Canadiens, des Japonais et de tant d'autres peuples, à nous écraser sous le nombre, il n'y a plus pour nous qu'une issue : vaincre ou succomber. »

La conclusion est juste, les prémisses sont outrageusement mensongères. M. Bassermann fut un de ceux qui reprochèrent le plus amèrement son pacifisme à Guillaume II. Il fut également un des adver-

saires les plus acharnés de l'Angleterre,
comme il ne cessa jamais de détester la
France, lui, le Badois envieux. C'est à la
douzaine et à la grosse que, dans ses discours, on pourrait retrouver les plus vio-
lentes provocations. Il trouvait toujours,
ce fat profondément ridicule, que le chancelier se montrait trop accommodant. De
ses lèvres pincées ne tombaient que des
appels aux armes. Les conservateurs, eux-
mêmes, ne trouvaient pas de formules
aussi sottement agressives que les siennes.

Pour que ce pantin articulé, dont tous
les gestes étaient une menace, affirme
maintenant que l'Allemagne n'a pas voulu
la guerre, il faut vraiment que la situation
des armées du kaiser lui semble bien com-
promise. Dans les premières semaines du
mois d'août, M. Bassermann tenait un
tout autre langage. Il ne rêvait alors, à
haute et intelligible voix, que de conquêtes et d'annexions. Le ton a changé
depuis lors, c'est bon signe. Après avoir

tant de fois invoqué le Dieu des batailles, M. Bassermann nous présente le peuple allemand comme le plus paisible et le plus pacifique de tous, et il a l'audace de parler « d'hommes d'État légers et sans conscience ». A-t-il donc oublié que lui-même, à la tribune du Reichstag, ne se lassait pas d'escompter le pacifisme des libéraux anglais pour mieux pouvoir persuader ses auditeurs de la nécessité d'en finir avec la « menace » franco-russe?

Quand l'heure en sera venue, on pourra convaincre ce fantoche prétentieux des crimes dont il s'est rendu coupable. Ils sont innombrables les documents par lesquels on établira ses basses ambitions et sa fourberie. Cet homme est le symbole de l'Allemagne moderne, ignoblement menteuse. Après avoir été le principal artisan de la guerre la plus épouvantable, il cherche à déplacer les responsabilités, oh ! non pas à cause des remords qui devraient l'accabler, mais seulement parce que le coup, longuement préparé, n'a pas réussi. Si Paris et Varsovie avaient été occupés par les troupes allemandes, M. Bassermann se serait bruyamment vanté d'avoir voulu et prévu ces victoires et, vis-à-vis des vaincus, il se serait montré sans pitié. Ceux qui le connaissaient savaient que cet homme était abject. Ils ne pensaient pas, cependant, qu'il se laisserait aller jusqu'à nier sa complicité dans un crime que, jadis, il était si fier d'avoir si bien machiné.

HEYDEBRANDT
ET MULLER-MEININGEN

Le leader des conservateurs, LE COMTE
HEYDEBRANDT. Un homme tout petit, tout
fluet, toujours remuant. On l'appelle le
« roi sans couronne » de la Prusse. Volonté
de fer au service d'un programme anté-
diluvien. Le représentant le plus décidé de
ce conservatisme des hobereaux de l'Elbe,
qui veut tout ignorer des institutions
modernes. Partisan farouche de l'autocratie,
ennemi irréconciliable du parlementarisme.
N'a jamais pardonné aux rois de Prusse
les rares concessions qu'ils ont faites à la
démocratie. Se dresse comme défenseur des
droits du trône, même contre les ministres
qui sont prêts à les sacrifier. A des haines

farouches pour les socialistes et les radicaux. N'aime pas davantage les industriels et les hommes d'affaires. Protectionniste enragé. Commande en maître despotique à ses troupes. Est très redouté par le chancelier auquel il prétend donner des ordres. Parle d'ailleurs rarement et se borne à ourdir des intrigues de couloirs.

Muller-Meiningen, l'orateur de la gauche démocratique. Un petit roquet, qui circule dans les couloirs, le nez en l'air, toujours à l'affût du mollet qu'il va mordre. Ne comprend pas l'éloquence parlementaire autrement que sous la forme de coups de dents distribués à droite et à gauche avec accompagnement de jappements furieux. Est tellement drôle, dans ses fureurs réelles ou simulées, qu'il provoque beaucoup plus de rires sonores que de vertueuses indignations. Le ridicule successeur du grand Eugène Richter s'est mis à la remorque des libéraux gouvernementaux. Il a déconsidéré son parti, qui

jadis semblait appelé à de hautes destinées.
Muller, petit juge de paix à Meiningen, en
Bavière, est plus prussien que le chancelier,
M. de Bulow était arrivé à dresser merveilleusement ce cerbère aboyeur. Maintenant
le chef des démocrates vote d'enthousiasme
tous les crédits militaires et il rêve, comme
les droitiers, de « la plus grande Allemagne ».

ERZBERGER

Les journaux rapportaient, ces jours derniers, les propos suivants du député allemand Erzberger :

« Lorsque l'Allemagne aura décrété le blocus effectif de l'Angleterre, tout navire marchand anglais devra être impitoyablement coulé. Puisque nous sommes maîtres sous les mers, — sinon sur les mers, — affirmons hautement cette supériorité. Et que nos dirigeables, et que nos aéroplanes agissent de concert avec nos sous-marins pour frapper, sans répit, notre perfide ennemi ! L'Angleterre nous a pris environ 400 navires marchands. *Notre réponse doit être : pour chacun de ces navires volés, une ville ou un village anglais seront détruits. Semons, à l'aide de nos dirigeables, la terreur et la mort parmi les populations britanniques. Tous les moyens doivent nous être bons, et si même nous possédions le secret de déverser une pluie de feu sur le sol anglais, pourquoi ne nous en servirions-nous pas?* Mieux vaut que l'Angleterre et ses dignes alliés nous appellent « les barbares », tout vaut mieux que la compassion que nos ennemis pourraient éprouver pour nous, au cas où nous serions vaincus. »

Le député du centre catholique, qui s'est livré en public à ce frénétique accès d'anglophobie, est une des plus curieuses figures du Parlement d'Empire. Il entra tout jeune au Reichstag, dont il fut longtemps le benjamin. Ce gros garçon, trapu, large d'épaules et joufflu, ne fut d'abord pas pris au sérieux par les grands bonzes de son parti. N'était-il pas wurtembergeois et par-dessus le marché simple instituteur? Il faut connaître l'incommensurable orgueil d'un juriste d'outre-Rhin pour se rendre

compte de ses préjugés vis-à-vis d'un pri-
maire.

Erzberger avait cependant la ferme
volonté de s'imposer à l'attention du Parlement et au respect des collègues de sa
fraction. Il se mit immédiatement à
l'œuvre. Bourreau de travail, pouvant
rester à la besogne de 5 heures du matin
à 10 heures du soir sans se donner le moindre délassement, il consacra d'abord tout
son temps à l'étude d'un budget dont peu
de députés connaissent le mécanisme com-
pliqué. Bientôt les chiffres n'eurent plus de
secret pour lui, et les questions embar-
rassantes qu'il posa au secrétaire d'État
aux Finances lui valurent un certain
renom.

L'actif instituteur s'était surtout appliqué à pénétrer les mystères des budgets
de la guerre et des colonies. Pour y mieux
parvenir, il avait recherché l'amitié de
fonctionnaires mécontents qui le rendaient
attentif aux tours de bâton des bureaux.

Bientôt on sut dans tout l'Empire que, quand il s'agissait d'embarrasser un des collaborateurs du chancelier, il fallait s'adresser à Erzberger, qui était toujours prêt à jeter des bombes dans les tranchées gouvernementales. Cela créa au jeune député une réputation de haute compétence et de grande audace. Dans les sphères officielles, on commença du même coup à redouter un adversaire qui savait admirablement se documenter et qui, lorsqu'il tenait un adversaire, ne le lâchait plus.

Cependant, dans son propre parti, Erzberger trouvait toujours la même opposition de chefs dont les calculs diplomatiques étaient constamment contrecarrés par la pétulance du nouveau venu. Après bien des luttes, après de longues tergiversations, les Spahn et les Groeber finirent cependant par mieux pénétrer la psychologie de l'arriviste. Ne pouvant pas le réduire, ils se l'associèrent en le faisant entrer, malgré son jeune âge, dans le comité directeur du parti. En même temps, le chancelier, au lieu de combattre plus longtemps un adversaire qui se défendait avec tant d'âpreté, essaya de s'en faire un ami.

Erzberger ne sut pas résister à la louange et aux prévenances dont on l'accabla. Son évolution fut très rapide. Lui, qui avait provoqué la dissolution du Reichstag par ses attaques répétées contre le directeur des colonies, Dernburg, devint bientôt le plus ferme soutien de la politique de M. de Bethmann-Hollweg. L'ancien chancelier, M. de Bulow, avait été sa dernière victime. Sous le régime nouveau, il mit, à soutenir le gouvernement, le même zèle qu'il apportait auparavant à lui créer des embarras.

N'est-ce pas lui qui eut la tranquille audace de déclarer, en plein Reichstag, de sa voix de crécelle, que la dernière et formidable augmentation de l'armée allemande n'était qu'une réponse au vote de la loi de trois ans par le Parlement français?

Toutes les fois qu'on se promenait dans les couloirs du Reichstag, on était sûr d'y rencontrer Erzberger en conférence avec un collaborateur du chancelier. Les officiers, surtout, lui prodiguaient les marques de leur bienveillance quelque peu dédaigneuse. Et il fallait voir comme l'ancien instituteur, devenu l'un des personnages les plus en vue du Reichstag, s'enflait quand il sortait d'une de ces mystérieuses conférences.

Le député du centre continuait d'ailleurs à enrichir le fond de ses connaissances. Travaillant avec une pléiade de secrétaires, doué d'un talent d'assimilation remarquable et d'une prodigieuse mémoire, s'entourant toujours d'une nuée d'informateurs bénévoles, il intervenait dans toutes les questions avec des précisions qui décontenançaient ses rivaux et ses adversaires.

13

Malheureusement, cet homme, qui était si bien doué pour la lutte, devait verser dans la politique d'affaires. Au Reichstag, les députés qui se servent de leur mandat pour gagner de l'argent sont rares. Erzberger, lui, n'y regardait pas de si près. On le trouvait mêlé à des fondations de banques, à des spéculations de terrains, à des entreprises coloniales, et, partout, il savait s'assurer de larges bénéfices. Plusieurs fois, il faillit gravement se compromettre et, si les événements ne s'étaient pas précipités, il est probable qu'il aurait bientôt compromis sa situation dans une opération aventureuse. Ses collègues redoutaient constamment le scandale menaçant ; mais rien ne pouvait arrêter le spéculateur sur la pente glissante où il s'était engagé.

Le rêve d'Erzberger eût été de devenir secrétaire d'État. A deux reprises, il crut pouvoir le réaliser. Malheureusement, la modestie de ses origines devait lui barrer

le chemin dans un pays où les postes relui-
sants sont réservés aux conservateurs à
particule. Néanmoins, obstiné comme il
l'était, il ne désespéra jamais de s'asseoir
aux côtés du chancelier sur les bancs du
gouvernement. De là son loyalisme à
outrance, son patriotisme de jour en jour
plus exalté, son militarisme intransigeant.
Durant les dernières années, le député
du centre rendait des points, même au
libéral Bassermann, quand il s'agissait
d'augmenter les effectifs de l'armée. Pour
la forme, il marchandait encore des crédits
accessoires, afin de mettre sa collaboration
à un plus haut prix, mais, ensuite, il
soutenait, sans aucune restriction, toutes
les demandes de l'état-major général, et il
lui arrivait parfois de les trouver trop
modestes. L'ancien opposant était devenu
un gouvernemental à tous crins et il mettait, à défendre le chancelier contre
l'extrême gauche, toute l'ardeur de son
zèle de néophyte quémandeur.

Il était très amusant de surveiller son
jeu, qui ne variait jamais. Quand un projet
de loi était présenté, Erzberger en faisait
d'abord une critique bruyante dont les
échos parvenaient rapidement aux oreilles
du gouvernement. Puis commençait le
marchandage. Le député mettait ses conditions qui, presque toujours, étaient accep-
tées. A partir de ce moment, le bouillant
Erzberger se laissait facilement convaincre
de sa première erreur et on le voyait alors
faire une active propagande en faveur
de la loi qu'auparavant il trouvait dé-
testable.

A la louange du Reichstag, nous cons-
taterons que si Erzberger était redouté,
parce qu'il avait des connaissances très
étendues et une dent très dure, il ne
comptait pas d'amis parmi ses collègues.
On admirait sa force de travail ; mais on
n'avait aucune estime pour son caractère
prétentieux et vénal. Le jeune Wurtembergeois n'avait jamais pu se débarrasser

de ses manières vulgaires, pour ne pas dire davantage.

Voilà l'homme qui, maintenant, au nom de la morale chrétienne, voudrait incendier toute l'Angleterre. Nous comprenons toute sa fureur. L'Empire abattu, c'est, pour Erzberger, l'écroulement de toutes ses ambitions et la ruine matérielle. Alors quoi ! l'ancien instituteur, qui redoute d'être obligé de reprendre la férule, tandis qu'il pensait se mettre prochainement un portefeuille sous le bras, fait pleuvoir le feu de sa colère sur la perfide Albion. Heureusement que ce feu-là est inoffensif. Mais tout de même était-il nécessaire, parce qu'Erzberger ne sera ni ministre, ni millionnaire, de compromettre les catholiques allemands, en reprenant, en leur nom, les imprécations de Camille?

Erzberger, chassé de Rome, où les Italiens l'avaient accueilli avec des trognons de choux, s'est, paraît-il, réfugié en Suisse. Ce gros garçon promène la

pleine lune qui surmonte son corps massif,
dans tous les pays neutres, offrant sa
camelote boche avec sa voix nasillarde et
ses gestes rustauds. Il faut vraiment que
l'Allemagne soit tombée bien bas pour
confier ses intérêts à un commis voyageur
aussi peu reluisant.

Il est tout ce qu'on voudra, le massif
Erzberger, excepté un diplomate. Au
Reichstag, toutes ses finasseries de paysan étaient immédiatement percées à
jour. Sa seule force consistait dans les coups
de massue qu'il appliquait à ses adversaires en les assommant de citations et
de statistiques.

Comment le chancelier avait-il pu envoyer
cet éléphant évoluer parmi les délicates por-
celaines de la cour pontificale ? A la rigueur,
le baron Hertling, souple, affable, possédant
admirablement toutes les finesses de langage
et toutes les roueries des salons où l'on
cause, eût pu obtenir quelques résultats
sérieux ; mais depuis qu'il est devenu pré-

sident du Conseil bavarois, l'ancien professeur de philosophie ne peut plus être employé à d'utiles missions. Encore eût-il été facile de trouver dans les rangs du centre un personnage moins épais qu'Erzberger.

Les Allemands sont décidément de bien mauvais psychologues. Il est vrai que leur représentant à Rome devait surtout faire évoluer la cavalerie de Saint-Georges. En pareille matière, Erzberger est passé maître. Seulement, il n'a pas la manière. Il n'a donc enregistré que des échecs.

Obligé de se replier en désordre, accablé par le mépris de ceux que ses manières de rustre ont découragés dans la Ville Éternelle, il pense maintenant s'assurer une revanche dans cette Suisse démocratique où les mœurs sont plus simples et le langage moins affiné.

Hélas ! il arrive trop tard sur ce nouveau champ d'activité. L'opinion de la

Suisse romande **est** faite, et ce ne sont pas les grosses malices d'Erzberger qui pourront la modifier. Quant à la Suisse allemande, malgré l'envahissement de son territoire par les innombrables émissaires de l'Empire voisin, elle a lentement, mais sûrement, évolué. Ses sympathies sont désormais acquises aux Alliés et elles sont d'autant plus solides que ce n'est pas un penchant naturel, mais la réflexion qui les a fait naître. Le rôle d'Erzberger consistera donc simplement à essayer de pratiquer la contrebande de guerre en se réservant un gros bénéfice sur les opérations qui pourront lui réussir. Le patriotisme est une vertu. Quand il devient encore une bonne affaire, tant mieux, n'est-ce pas? mon brave Mathias.

On a prétendu encore qu'Erzberger allait fonder une nouvelle agence de fausses nouvelles. C'est possible ; car, là encore, il a quelque expérience, ayant gagné en partie sa fortune (et elle est considérable, bien qu'il soit parti de rien) à noircir inlassablement du papier. Il rédigeait, en effet, la correspondance politique du centre qui, autrefois, avait beaucoup de tenue, mais qui, depuis qu'il en avait pris la direction, était devenue bassement hargneuse pour les adversaires, férocement tyrannique pour les amis.

Spahn, le président de la fraction centriste du Reichstag, dut accepter les conditions de son jeune collègue, tant celui-ci sut, en l'attaquant sournoisement, le rendre impopulaire. Quant au comte Oppersdorf, Erzberger n'eut ni cesse ni trêve qu'il ne l'eût fait expulser du parti catholique, parce qu'il était trop attaché... aux directions pontificales.

Asservir ses amis politiques, se faire redouter par les chefs des autres fractions, entretenir des rapports intimes avec tous les pangermanistes, flatter les généraux, telle a été, telle est encore la tactique du jeune député, qui fut un des grands artisans de la guerre actuelle.

Quand l'Allemagne sera vaincue, cet homme encombrant ne pourra plus rentrer dans son pays, tant le rôle qu'il y a joué fut néfaste. Et dire qu'un Erzberger a pu recueillir l'héritage de Windhorst ! La voilà bien, l'Allemagne d'aujourd'hui !

MARTIN SPAHN

Les journaux rapportaient ces jours
derniers que parmi les intellectuels allemands, dont les audacieuses théories ont
surpris le monde, M. Martin Spahn, professeur d'histoire à l'Université de Strasbourg, s'était distingué de façon toute particulière. N'engageait-il pas l'Autriche à
s'emparer de la Vénitie et de la Lombardie,
et ne prouvait-il pas, à l'aide de savants
arguments, que la blonde Germanie a le
droit d'asservir les autres peuples et de
laisser mourir de faim et de froid les représentants des autres nationalités?

Cela ne m'a nullement surpris. Quand
Martin Spahn vint s'établir en Alsace, je
l'avais jugé du premier coup d'œil. Grand,

mince, embarrassé dans sa démarche, le jeune professeur avait une figure à gifler. Tous ses actes suaient l'hypocrisie. Sa voix nasillarde, ses paroles tantôt mielleuses, tantôt furibondes, produisaient sur ses interlocuteurs cette impression rebutante qu'on éprouve en voyant baver un crapaud.

La nomination de Spahn à une chaire d'histoire avait fait scandale. On sait que, pour être agréé dans une Université, il faut obtenir les suffrages de ses futurs collègues. Or, le Sénat académique de l'Université strasbourgeoise avait repoussé à une écrasante majorité, la candidature du jeune postulant. Néanmoins, l'empereur Guillaume le nomma d'office. La presse catholique avait d'abord pris parti pour Martin Spahn, parce qu'elle supposait, imprudemment, que celui-ci avait été blackboulé à cause des convictions religieuses qu'il affichait à ses heures. Depuis lors, elle devait déchanter.

Pourquoi l'empereur était-il intervenu? En ce temps-là, le centre jouait un rôle prépondérant au Reichstag. Or, le père de Martin était un des membres les plus influents de la fraction la plus nombreuse du Parlement d'Empire. Guillaume II avait donc voulu donner des gages à ceux qu'il redoutait, sans les aimer.

Quoi qu'il en soit, c'est à propos de cette ingérence du pouvoir impérial que se déchaîna dans la presse allemande l'interminable et âpre polémique sur la *Voraussetzungslosichkeit* (prononcez donc ce mot-là sans respirer), sur « l'absence de préjugés », qui doit distinguer tout vrai savant. Le raisonnement, d'ailleurs parfaitement idiot, était celui-ci : « Tout homme qui a des convictions religieuses ou philosophiques arrêtées ne saurait se livrer à l'étude de la métaphysique, de l'histoire et des sciences naturelles, les postulats de ses croyances devant nécessairement lui enlever toute liberté de jugement. » A cette pétition de principe, les journaux catholiques répondaient très justement que tout homme a fatalement des convictions dont il ne saurait s'affranchir et que, d'ailleurs, pour exclure de l'enseignement universitaire les croyants de toutes les écoles, il faudrait d'abord établir que leurs croyances sont erronées.

Quoi qu'il en soit, Martin Spahn devait bénéficier largement du bruit qui avait été fait, bien à tort, autour de son nom. Il était déjà bouffi d'orgueil avant de venir à Strasbourg, la faveur impériale et l'auréole que les querelles de la presse avaient mise autour de sa vilaine tête devaient lui faire perdre la raison.

Le professeur « catholique » ne tarda pas à s'aliéner toutes les sympathies. Comment eût-il d'ailleurs pu en être autrement? Fourbe, retors, intrigant, n'ayant que la préoccupation de se faire valoir, Spahn publiait autant d'études « historiques » et « philosophiques » qu'il y avait de jours dans l'année. Travaux misérables, où il se contentait de détailler en un style lourd et volontairement obscur des ouvrages de seconde main, qu'il avait trop rapidement parcourus. Aux historiens français, il faisait les emprunts les plus larges, mais en prenant arbitrairement la contre-partie des données de leurs livres, remplaçant une érudition qui lui faisait totalement défaut par l'explosion de ses haines pangermanistes. C'est ainsi qu'il nous donna une vraie caricature de Napoléon Ier.

Quant à ses hagiographies, on y découvrait constamment la préoccupation de donner à tous les phénomènes surnaturels des explications rationalistes. En passant, Spahn avait trouvé le moyen d'insulter bassement la mémoire de Léon XIII. Il tenait, en effet, à démontrer qu'il était « dépourvu » de préjugés. Il s'y appliqua même avec tant de soin, qu'un beau jour le comte Oppersdorf publia contre l'orthodoxie du professeur strasbourgeois une brochure qui eut un prodigieux retentissement.

Entre temps, Martin Spahn s'était, par des intrigues, qui furent plus tard dévoilées, fait offrir un mandat au Reichstag dans une circonscription du nord de l'Allemagne. Bien que son père fût devenu président du centre, quinze membres influents de ce parti protestèrent publiquement contre sa candidature. Après son élection, le centre refusa de le recevoir. Spahn, complètement isolé, car les Alsaciens-Lorrains n'avaient pas non plus voulu de lui, accepta toutes les avanies sans sourciller et n'en continua pas moins à s'agiter dans les coulisses.

Il avait d'ailleurs essayé de nier les textes les plus formels qu'on lui opposait. Cet Escobar ment, en effet, avec une effronterie spécifiquement allemande. Même quand on le prend la main dans le sac, il démontre que c'était pour y déposer une aumône discrète. Jamais homme ne s'est

si souvent rétracté. Tout ce qu'il écrit
exige un commentaire qu'il donne en un
sens ou en un autre suivant les nécessités
du moment. Type achevé de la fourberie
et de la plus basse ambition, Spahn n'a
qu'un souci : arriver. Les rebuffades lui
sont indifférentes. Il en souffre horriblement dans son orgueil ; mais quand son
intérêt l'exige, il baise la main qui l'a
frappé.

Rejeté par le centre du Reichstag, Martin Spahn s'était donné pour mission
d'organiser le même parti du centre allemand en Alsace-Lorraine, espérant toujours que cela lui rapporterait un nouveau
mandat. Il passait son temps à écrire des
lettres confidentielles, à donner des coups
de téléphone, à faire des visites, à organiser
des réunions intimes. Très aimable au grand
jour pour les nationalistes, dont il redoutait la franchise, il les combattait au couteau dans l'ombre. Plusieurs fois il fut cité,
pour ses articles pangermanistes, devant

l'assemblée générale du centre alsacien-lorrain. Sa défense fut toujours piteuse. Il fut hué ; mais il revint quand même, attendant la revanche de ses patientes intrigues. Dans les derniers temps, il ne comptait plus d'amis ; car il avait odieusement trompé tous ceux qui lui avaient fait crédit de leur confiance.

Voilà l'homme qui maintenant pousse l'Autriche à écraser l'Italie. Que demain les alliés triomphent, Martin Spahn, je le prédis sans courir le moindre risque de me tromper, leur prouvera qu'il avait de tout temps souhaité le triomphe de la Triple-Entente. L'Allemagne officielle peut s'enorgueillir de compter parmi ses professeurs, ce personnage huileux, ce dévertébré scientifique, produit parfait d'une « kultur » qui déshonore l'humanité.

LIEBKNECHT ET FRANCK

Liebknecht, le dissident socialiste. Une tête énergique qu'encadre une chevelure luxuriante et indomptée. Le fils d'un doctrinaire farouche, qui ne renie pas, comme ses amis politiques, le programme du marxisme. Parle avec abondance en lardant ses discours de mots à l'emporte pièce. Dit tout ce qu'il pense et pense comme un révolutionnaire. Est très redouté par les possibilistes de la sociale, qui s'accommodent fort bien de la société bourgeoise parce qu'ils s'y sont créé des situations avantageuses. A réussi à se glisser dans la Chambre prussienne où ses interventions à la tribune font régulièrement scandale. Au Reichstag, ses collègues le condamnent

au silence, parce qu'ils redoutent l'âpreté
de sa parole. Sera certainement *expulsé*
du parti socialiste, parce qu'il a voté seul
contre les crédits militaires et s'est refusé
à acclamer l'empereur.

Et maintenant un mort ; mais un mort
qui symbolisait une doctrine nouvelle et
une tactique inattendue.

Franck, le *député socialiste*, tombé sur
les champs de bataille de la Belgique.
Jeune, joli garçon, figure poupine surmon-
tée de cheveux noirs bouclés. Avocat de
son métier. Nature liante, parole facile,
habileté consommée. N'avait pas tardé,
malgré son âge, à jouer un rôle prépondérant dans son parti. Partisan des solutions
dilatoires, des compromis avantageux, des
lentes évolutions. Votait le budget à la
Chambre badoise et obligeait ses collègues
à le voter. Ne rêvait que d'alliances électorales avec les partis bourgeois pendant
les élections et de marches parallèles avec
les libéraux et les démocrates au parlement.

N'aimait pas qu'on lui rappelât le programme de la sociale, parce que délibérément il y était infidèle toutes les fois qu'il
y trouvait quelque intérêt. Se trouvait très
honoré de l'amitié du chancelier de l'empire et des ministres badois. Avait même
accepté une invitation à la cour. Ses derniers gestes devaient nous renseigner mieux
qu'une longue étude sur ses sentiments
intimes et sur les opinions de ses partisans.
A la conférence pacifiste de Bâle, il avait
employé toute son ardeur à battre en
brèche la loi française sur le service de trois
ans. Dès que la guerre éclata, il s'engagea et
se fit tuer pour son empereur.

SUDEKUM

Le groupe socialiste du Reichstag a donc
blâmé l'attitude du député Liebknecht
par 65 voix contre 26. Cela revient à dire
que les élus du parti populaire persévèrent
dans leur attitude primitive et qu'aujour-
d'hui, comme au mois d'août dernier, ils se
déclarent solidaires du militarisme prussien.

On sait que le compagnon Sudekum
s'était, il y a quelques semaines, chargé
d'une mission « diplomatique » en Roumanie, où il était allé prêcher la neutralité
absolue ou l'intervention en faveur des
États de l'Europe centrale. Le même personnage fut pris la main dans le sac, au
moment où, de complicité avec les autorités

militaires, il essayait de persuader à un prisonnier français, qu'il supposait socialiste, de retourner dans son pays pour y semer le découragement dans les milieux populaires.

Singulier personnage que ce Sudekum, avocat de métier, agitateur politique par ambition, bourgeois par les mœurs et les habitudes de la vie privée. Très infatué de sa personne, de tenue toujours soignée, voire même élégante, le jeune député de la sociale se distingua jadis par la part active qu'il prit à l'évasion de la princesse de Cobourg, internée dans un établissement d'aliénés. Sudekum, qui parle un français incorrect et rocailleux, aimait déjà, en ce temps-là, fréquenter les gens de bonne maison, ce qui ne l'empêchait pas, quand il montait à la tribune du Reichstag, de faire étalage de sentiments ultra-révolutionnaires.

Il est bien le type du socialiste allemand arrivé, après avoir été le candidat arriviste

d'un parti où les embusqués ont fini par
refouler complètement les anciens doctrinaires. J'ai encore connu au Reichstag les
trois grands pontifes de l'église marxiste :
Bebel, Singer et le vieux Liebknecht. Ceux-
là ne toléraient pas qu'on touchât au dépôt
sacré de la doctrine collectiviste, et tant
qu'ils furent présents pour monter la garde
autour de l'arche sainte, aucun des jeunes
profanateurs, qui les entouraient et qui escomptaient leur succession, ne s'avisa d'y
porter une main sacrilège. A cette époque,
Bernstein, le possibiliste qui depuis lors a
passé au rang des vieilles barbes, était
presque mis au ban du parti, parce qu'il ne
croyait pas dur comme fer à la réalisation
de la société collectiviste.

Depuis que le solennel Liebknecht,
d'abord, et le jovial, mais sincère Singer,
ont disparu, tout a bien changé. Bebel,
qui était resté seul sur la brèche, ne réussit
plus à dompter les appétits des caïmans
affamés qui s'étaient faufilés dans le comité

directeur. Bientôt, il fut débordé par les opportunistes, dont le verbalisme révolutionnaire cachait mal les instincts bourgeois. De plus en plus, le parti soi-disant révolutionnaire versait dans un radicalisme ouisseur.

Et comment aurait-il pu en être autrement? De nombreux intellectuels ambitieux avaient accaparé les postes avantageux dont le parti disposait. Les prolétaires ne se présentaient plus qu'en petit nombre à la députation, les mandats étant réservés à des avocats, à des rédacteurs, à des agitateurs professionnels recrutés dans le personnel du petit commerce. En Allemagne, depuis la suppression des lois d'exception contre le socialisme, le parti révolutionnaire s'était bureaucratisé. Il disposait d'énormes réserves d'argent, possédait plusieurs centaines de journaux, avait créé des bureaux de toutes natures : renseignements, assistance, agitation. Pour toutes ces institutions, un personnel considérable était nécessaire et à ce personnel des traitements relativement élevés avaient été assurés. Le nombre des embusqués croissait donc tous les jours.

Autre phénomène important : les grands syndicats professionnels : maçons, ouvriers en bois, typographes, dont les caisses étaient richement alimentées par les cotisations de leurs membres, s'éloignaient progressivement des théories politiques du socialisme doctrinal et cherchaient surtout à améliorer progressivement la situation des travailleurs dans le cadre de la législation bourgeoise. Or, pour ne pas perdre toute influence sur les ouvriers, le comité directeur du parti révolutionnaire avait dû offrir plusieurs sièges aux directeurs de ces associations professionnelles et ceux-ci s'opposaient de plus en plus à tout ce qui pouvait compromettre les intérêts dont la garde leur était confiée.

C'est ainsi que, par exemple, les socialistes avaient, au cours des dernières années

décidé que seules seraient subventionnées
les grèves qui auraient été approuvées par
le comité central. Le résultat fut qu'aucune
grève n'éclata plus depuis lors, le comité
ne voulant pas sacrifier à un conflit partiel
les ressources générales du parti.

Le socialisme s'était donc complètement
embourgeoisé, tant parce qu'il était pos-
sesseur d'un capital considérable, que
parce que ses « bureaucrates » se trouvaient
bien de bénéficier à eux seuls des rentes de
ce capital. D'un autre côté, les universitaires, qui avaient affiché des opinions
collectivistes pour décrocher des mandats,
étaient gens trop réfléchis pour ne pas
comprendre que l' « État de l'avenir »,
auquel Bebel croyait encore en 1898, ne
représentait qu'une chimère. Il y avait donc
dissonance complète entre les discours de
réunions publiques et la tactique parlementaire des élus de la sociale.

Sudekum et Heine, Molkenbuhr et David,
avaient dépassé de plusieurs longueurs

l'évolutionniste Bernstein. A peine si quelques enragés, comme Liebknecht et Ledebour, essayaient de maintenir les traditions révolutionnaires du parti. Aujourd'hui, les possibilistes se sentent assez puissants pour ne plus tenir compte des protestations de ces retardataires. Les socialistes allemands avaient déjà jeté le masque, l'an dernier, quand ils votèrent les crédits qui devaient rendre possible l'application de la loi militaire. Depuis l'ouverture des hostilités, leur loyalisme ne s'est pas démenti un seul instant. Le député Heine n'écrivait-il pas, ces jours derniers, que les agitateurs du parti devaient même risquer l'impopularité en prêchant, dans les réunions publiques, la résistance jusqu'au bout.

Ajoutons que ces agitateurs ne risquent rien du tout en se montrant favorables à la guerre à outrance. C'est en parlant de la paix qu'ils s'exposeraient à se faire huer par les gens du peuple qui rêvent, eux aussi,

de conquêtes et de pillages. Les soldats, qui
ont dévasté la Belgique et le nord de la
France, étaient, pour une bonne moitié,
d'excellents socialistes, qui trouvaient tout
naturel qu'on partageât les biens... des
autres.

HEINE

Les socialistes allemands ont donné à la
conférence de Londres une réponse inattendue. C'est M. Wolgang Heine, un des
députés les plus intelligents de l'extrême
gauche au Reichstag, qui s'est chargé de
faire savoir aux collectivistes de l'étranger
que le parti qu'illustrèrent Bebel, Singer
et Liebknecht, se solidarisait entièrement
avec l'impérialisme et le militarisme prussiens.

Curieuse figure que celle du compagnon
Heine. Grand, élancé, la barbe abondante,
mais taillée court, l'œil glacial embusqué
derrière un binocle de myope, la parole
lente et incisive, le jeune avocat a rapidement conquis une place importante dans

son parti. Heine appartient à une famille bourgeoise très aisée ; il gagne lui-même largement sa vie. Ses manières sont distinguées, elles le sont même trop pour le milieu où il fréquente. A le voir parler d'un peu haut à ses collègues de l'extrême gauche, on devine qu'il se sent déplacé parmi ces prolétaires. Son éloquence, qui est réelle, a un caractère nettement dédaigneux. Le député socialiste martèle ses phrases, il ménage savamment ses effets, ses pensées les plus audacieuses revêtent une forme correcte, mais incisive. Il décoche l'épithète qui blesse, comme un archer sa flèche, après avoir patiemment visé.

Heine est un possibiliste, c'est-à-dire un socialiste radicalisant. La société actuelle lui fut trop aimable pour qu'il pensât jamais sérieusement à la détruire. Son bagage d'orateur de réunions publiques renferme bien quelques tirades sur cet « État de l'avenir » auquel Bebel croyait de toute son âme..., avant d'être devenu millionnaire ; mais on devine, à entendre le jeune et brillant avocat glisser sur ces formules vieillies, qu'il les détaille sans aucune conviction à ses auditoires ouvriers.

Comme bon nombre de jeunes intellectuels allemands, Heine s'était, pendant ses études universitaires, grisé des doctrines collectivistes. Au grand désespoir de ses parents, il avait rompu avec les traditions familiales, pour se jeter, à corps perdu, dans le mouvement révolutionnaire. Puis, la réflexion était venue. L'atavisme et l'intérêt aidant, il était revenu à une conception plus bourgeoise de l'équilibre social. Il abandonna le camp des intransigeants pour se rabattre sur celui des opportunistes. Bebel ne l'aimait pas, Bernstein devint son ami.

Dans les réunions du comité socialiste, on voyait rarement Heine, que les querelles sur le symbole et la tactique du parti rebutaient. Il ne faisait plus, dans les derniers temps, que de rares apparitions au Reichstag. De plus en plus le lien se relâchait entre ce personnage quelque peu olympien et le prolétariat dont il avait pensé diriger les destinées.

Et, pourtant, l'influence de Heine restait grande, précisément parce qu'il la voulait lointaine. Ses collègues socialistes l'entouraient d'un respect presque fétichiste. Sa distinction dépassait de tant de coudées l'élégance vulgaire de Sudekum et sa conversation s'éloignait tant du verbalisme creux et tapageur des mastroquets du parti.

La guerre devait permettre à Heine de révéler le fond de sa pensée. Dès la première heure, il fut un partisan déclaré du vote des crédits de guerre. Liebknecht trouva en lui un adversaire aussi décidé qu'éloquent. Et lorsque quelques socialistes du Sud firent mine de vouloir revenir à la pure doctrine révolutionnaire, Heine se rendit à Stuttgard pour les combattre.

Son discours, qui a trouvé l'approbation de l'organe central du parti socialiste allemand, mérite, à plus d'un titre, de retenir notre attention. Je me bornerai à en signaler les phrases les plus caractéristiques. Heine commence par repousser l'idée d'une paix prématurée : « Il faut que d'abord la situation militaire soit davantage éclaircie ». Et pour que nul n'ignore que cet éclaircissement doit être le triomphe de l'Allemagne sur les champs de bataille, il ajoute : « Nous pouvons avoir confiance dans les armes allemandes et dans le peuple allemand ; car admirable et digne de respect est ce qu'il accomplit. »

Admirable la destruction des villes artistiques de la Belgique et du nord de la France, dignes de respect le pillage organisé, les réquisitions, les massacres de non-combattants dont les soldats du kaiser se sont rendus coupables ! L'orateur socialiste n'a pas une parole de pitié pour les victimes de la barbarie germanique. Au contraire, il exalte « l'héroïsme et l'esprit de sacrifice » de l'armée, et il souligne encore le caractère populaire de cette campagne de brigandage en disant : « L'armée, c'est le peuple, et le peuple c'est l'armée, et nous aussi, nous devons agir comme nos héroïques combattants. »

Mais cela ne suffit pas encore au tribun d'hier devenu le courtisan d'aujourd'hui. Heine célèbre « l'amour de la paix, la volonté de paix de l'empereur ». Il veut que toute la nation se groupe étroitement autour du souverain qui symbolise la patrie. Il affirme, comme les « savants » l'ont fait dans leur célèbre manifeste, « que cette guerre n'est pas, du côté allemand, une guerre frivole de conquête ». Il réfute la doctrine de Marx sur « les travailleurs qui n'ont pas de patrie ». Les socialistes prétendent au contraire « s'élever au rang de la classe nationale ; car les socialistes allemands ont leur patrie en Allemagne ». Et il développe cette pensée dans les phrases suivantes, qui sont en contradiction flagrante avec l'internationale prolétarienne :

« Les travailleurs sont unis à la nation de
la manière la plus étroite par leur désir de
participer à la culture de l'esprit et par la
solidarité économique de la nation, qui
existe malgré tous les antagonismes d'intérêts entre les classes. Si l'industrie allemande était détruite, les travailleurs souf-
friraient comme les patrons, et même plus
qu'eux. Le travailleur est lié aussi à l'État
malgré toutes ses insuffisances et ses oppositions d'intérêts. Le travailleur est une
part du peuple allemand et, en ce temps
de guerre, il sent plus que jamais que le
sort de la patrie est son propre sort. »

Tout au plus Heine accepte-t-il entre les
groupes étroitement nationaux certains
échanges d'idées : « La nécessité d'un échange
international de culture restera toujours
présente à nos esprits. Tout bon Allemand
est préparé à être un bon Européen. »

Et voilà que le révolutionnaire de la
veille abandonne carrément l'idée de tout
bouleversement social violent :

« Cela doit nous être une leçon, dit-il, pour notre œuvre future dans l'Empire allemand. Nous ne pouvons pas devenir le peuple libre que nous voulons être si nous brisons cet état actuel par une révolution violente. Non seulement nous ne le pouvons pas, mais nous ne devons pas le vouloir. La guerre nous a montré dans quelle situation l'Allemagne se trouve en réalité. Toute secousse révolutionnaire aurait instantanément pour résultat d'amener de tous côtés sur nous les ennemis d'au delà de nos frontières. Le dommage en serait pour les travailleurs, car justement toute réforme sociale a besoin de paix. L'Empire allemand est le champ de notre travail et de nos luttes politiques. Nous devons en faire l'organe et l'instrument de nos efforts politiques. Tel est le sens du mot souvent usité que la classe ouvrière doit mener le combat pour la puissance politique. »

Bien mieux, l'orateur socialiste reconnaît la nécessité des armées permanentes ;

car « les milices ont aussi bien besoin d'armes que les professionnels ». Il avoue carrément les erreurs passées du groupe socialiste parlementaire : « Quand nous déclarions vouloir nous opposer à tout crédit militaire, nous anéantissions par là même toute notre influence. Or, nous avons besoin d'influer sur l'armée pour qu'elle se subordonne aux buts supérieurs de la politique. » Heine va encore plus loin. A l'en croire, les socialistes ont eu tort de refuser de voter le budget ; car « après avoir compté centimes par centimes, ils sont forcés maintenant de mettre des milliards à la disposition du gouvernement ».

Pris de vertige, l'orateur socialiste va jusqu'à se moquer de ses collègues qui, jadis, « entre autres folies, refusaient les marques de déférence aux princes et refusaient d'aller à la Cour ». Les princes « ne font-ils pas également leur devoir dans la défense de la patrie? Leurs enfants et leurs frères ne tombent-ils pas devant l'ennemi?

Ne sont-ils pas, eux aussi, des Allemands?»

Le socialisme allemand est un parti national, il se solidarise avec le militarisme, il acclame l'empereur, il approuve la guerre actuelle et dans ses origines et dans son développement, il repousse l'idée de la paix avant le succès des armées allemandes, il abandonne son programme révolutionnaire pour devenir un simple parti réformiste dans l'Empire bourgeois, il se déclare prêt à voter le budget et les crédits militaires pour l'entretien des armées permanentes, il accepte la constitution monarchiste et ne marchande plus aux souverains les marques extérieures de respect.

Les doctrinaires des pays neutres qui, ces jours derniers, tendaient « une main fraternelle » au peuple allemand, feront bien de méditer le discours de Heine. Ils en tireront de précieux enseignements et sur le rôle de dupes qu'on leur a fait jouer dans le passé et sur la vanité de leurs tentatives de rapprochement dans l'avenir.

LEDEBOUR ET SCHEIDEMANN

Les socialistes allemands sont furieux. Ledebour, après Liebknecht, les a « trahis ». Ledebour est un avocat de talent, oh ! d'un talent très spécial. Toutes les fois que le parti avait besoin d'un « chahuteur » c'était à lui qu'il s'adressait. Rien de plus amusant que l'homme, qui produit l'impression d'un pantin désarticulé, et que son éloquence dont le flot acide bondit en cascades.

Ledebour a la figure entièrement rasée ; ses traits sont grimaçants. Il articule péniblement ses phrases heurtées. Avant de lâcher l'énormité voulue et cherchée qui termine en feu d'artifice ses périodes embarrassées, il contemple d'un œil narquois l'adversaire qu'il va bientôt accabler et il se pourlèche les lèvres. Quand le trait a porté et que des bancs de l'extrême droite s'élèvent de longs hurlements d'indignation, l'orateur socialiste rit de bon cœur. Il a touché juste et un éclair d'orgueil amusé sort de ses yeux malicieux.

L'outrance même de ses mots et de ses gestes (Ledebour parle non seulement de la bouche, mais encore des mains et de tout le corps) est parfois tellement drôle que même ses victimes s'en réjouissent. Dans son propre parti, le terrible polémiste ne jouit d'ailleurs que d'une très médiocre estime. Depuis que les possibilistes y ont pris nettement le dessus, cet énergumène est considéré comme un « empêcheur de danser en rond ». Depuis quelques années, ses chefs l'avaient presque condamné au silence. On ne lui permettait d'intervenir que dans les cas très rares où les compromis esquissés avec les groupes bourgeois du Reichstag n'avaient pas abouti.

Les partis de la majorité étaient en effet
parfaitement renseignés sur les intentions
des socialistes par le choix même des ora-
teurs que l'extrême gauche déléguait pour
exposer son plan d'action. Quand Franck,
Heine, Bernstein prenaient la parole, il était
évident que les socialistes désiraient arriver
à une entente. Quand, au contraire, Ledebour montait à la tribune, on savait que
l'opposition de ses collègues serait irré-
ductible.

Il semble bien qu'à la séance du Reichstag du 20 mars dernier, Ledebour ait parlé
« hors cadres » comme Liebknecht l'avait
déjà fait antérieurement. Ses déclarations
sur la barbarie militaire allemande ont
donc fait scandale, même sur les bancs des
socialistes, et le suave Scheidemann s'est fait
applaudir par tout le Parlement, les socialistes y compris, en reniant l'isolé, qui avait
eu l'outrecuidance de ne pas admirer les
proclamations sauvages de Hindenburg.

Scheidemann est un bel homme et il le

sait. Grand, svelte, la figure longue, les
traits réguliers, les yeux bleus très doux,
la barbe blonde élégamment taillée en
pointe, il parle posément et avec affectation
d'une voix dont la sonorité est agréable.
Ancien compositeur d'imprimerie, auto-
didacte comme Bebel, il entra **très jeune**
dans la politique, où son talent **très réel**
d'orateur lui permit bientôt de jouer un
rôle considérable. D'abord doctrinaire intransigeant, il ne tarda pas cependant à
orienter sa politique vers les réalisations im-
médiates et devint un évolutionniste convaincu et décidé.

Il eut une heure de gloire. Les dernières
élections générales avaient donné un résultat inattendu. Les partis de droite (conservateurs et centre avec quelques groupes
moins importants) comptaient exactement
la moitié plus un du chiffre total des députés. La gauche, allant des libéraux de Bassermann jusqu'aux socialistes de Bebel,
pouvait donc obtenir facilement, dans les

votes du Parlement, des majorités de surprise.

La lutte s'engagea dès le premier jour sur l'élection du bureau. Bebel faillit être nommé premier président. Un conservateur ayant obtenu cependant une très faible majorité, le centre, à qui la présidence revenait de droit, se retira de la lutte, et c'est ainsi que Scheidemann obtint la vice-présidence du Reichstag. Il en tira quelque orgueil. Oncques ne vit le Parlement d'Empire un président plus soigneux de sa personne. Vêtu d'une impeccable redingote, les cheveux et la barbe passés au petit fer, le député socialiste prenait des attitudes historiques et prononçait des paroles lapidaires. D'abord, on eut le sourire. Plus tard, on fut agacé de cette correction trop pommadée. Quand eut lieu, quatre semaines plus tard, l'élection définitive du bureau, Scheidemann dut céder la place à un démocrate. Il avait cependant gardé de sa présidence intérimaire une sorte de solennité professionnelle qui était du plus amusant effet,

Son passage aux honneurs l'avait d'ailleurs encore confirmé dans son modérantisme. Ses fonctions mêmes lui avaient, en effet, permis d'avoir des rapports personnels, empreints de la plus grande cordialité, avec le chancelier et ses collaborateurs. A ces hautes fréquentations, l'ancien opposant avait vu s'émousser ses derniers préjugés révolutionnaires.

Il n'est donc pas surprenant que, dans la crise actuelle, le beau Scheidemann ait cru devoir étaler, devant les libéraux et les conservateurs ravis, le plus pur patriotisme. Ce parvenu est bien le type le plus réussi de l'agitateur converti, parce que saturé. Dans le socialisme allemand, devenu, par la force même de son organisation rigide, une bureaucratie, ils sont légion les embusqués qui, après s'être approprié par leurs discours incendiaires les plus grasses prébendes, ont fini par trouver qu'une société, qui leur fait de si bonnes rentes, n'est pas si mauvaise que d'abord ils le prétendaient.

Les déclarations de Scheidemann, de Heine et de tant d'autres coryphées de l'ancien collectivisme germanique, ont dû ouvrir les yeux à ceux qui rêvaient d'une action parallèle des groupements ouvriers nationaux. Le socialisme allemand est, de fait, devenu un parti bourgeois, aux aspirations démocratiques, mais qui, depuis longtemps, identifiait son programme d'action avec le militarisme conquérant. Les derniers événements lui ont permis de jeter le masque trompeur derrière lequel il cachait son vrai visage. Qui donc pourrait encore, après ce qui vient de se passer, tendre une « main fraternelle » à ceux qui, en leur propre nom et au nom de tous leurs mandants, se solidarisent avec tous les crimes commis par les soldats du kaiser?

LE SOCIALISTE OSCAR GECK

On n'a pas prêté assez d'attention en
France à ce que les journaux allemands
nous ont rapporté de la campagne électorale du compagnon Oscar Geck, candidat, dans la circonscription de Mannheim,
à la succession du mandat de Ludwig
Franck, tué à l'ennemi.

Geck était un des socialistes les plus
intransigeants du grand-duché de Bade.
Il avait toujours combattu le possibiliste
Franck et passait pour représenter le programme révolutionnaire dans son parti. Il
est d'autant plus surprenant de l'entendre
soutenir la théorie suivante :

« Les intérêts de la masse ouvrière sont
identiques, dans cette guerre, à ceux de

l'ensemble de la nation. Dans cette lutte désespérée, tel sera le sort du peuple allemand, tel celui de la masse des ouvriers. Le bonheur de l'un est le bonheur de l'autre. Ce que la classe ouvrière allemande, dans cette horrible guerre, fait pour la patrie, elle le fait en première ligne pour elle-même. »

Pas un mot de blâme, comme on le constatera, pour le parti militaire qui a déchaîné sur l'Europe la plus abominable des guerres. Geck admet en principe la théorie de la conquête à main armée et de l'hégémonie allemande sur l'univers asservi. Il ne sait pas, comme Liebknecht, faire les réserves nécessaires. Pour lui, les intérêts de la classe ouvrière se confondent avec ceux des annexeurs. Qu'importent le droit et la justice, pourvu que l'ouvrier allemand trouve de meilleures conditions de travail? Si l'Allemagne étend ses frontières et ruine ses concurrents, son industrie connaîtra une incomparable prospé-

rité. Cela suffit à l'ancien doctrinaire socialiste pour justifier les plus injustes agres-
sions et les crimes les plus révoltants.

Il y a une proie à saisir. Le candidat
communiste la montre au prolétariat germanique et pousse celui-ci à se jeter sur
elle. A ses yeux, il y a une complète con-
fusion entre le bonheur du peuple allemand
et celui de la classe ouvrière dans le conflit
actuel. Or quel est le « bonheur » du peuple
allemand ?

Ils nous l'ont dit, les pangermanistes qui,
dans leurs célèbres pamphlets, nous énu-
méraient les pays que la plus grande Allemagne devait annexer.

Ils nous l'ont dit, les écrivains militaires
qui, d'avance, dans leurs études, indi-
quaient par le menu comment les armées
du kaiser battraient et les Russes et les
Français, et « la misérable petite armée
anglaise ».

Ils nous l'ont dit, les savants qui, dans
leur manifeste, ont proclamé le droit à la

violation des engagements les plus sacrés quand l'intérêt égoïste du peuple choisi l'exige et qui ont couvert de l'autorité de leur nom tous les monstrueux attentats commis par les soldats de leur pays.

C'est avec ces criminels que le socialiste Geck se solidarise. Bien mieux, il les dépasse en impudeur, puisqu'il essaye d'associer le prolétariat allemand à toutes les violations du droit des gens et le suppose capable de désirer le triomphe de la violence, uniquement pour en tirer quelque profit.

Il a d'ailleurs raison de faire ainsi appel aux plus vils instincts des foules, le compagnon Geck. Il connaît son public. Il sait que la pensée pangermaniste a profondément pénétré les masses allemandes et qu'on ne le comprendrait pas si, d'aventure, il parlait de justice à des gens qui n'ont que de grossiers appétits.

L'ouvrier, comme l'industriel et le savant d'outre-Rhin, n'a que des convoitises.

Le raisonnement suit d'un pied boiteux le désir de domination. On cherche des arguments après coup, on laisse d'abord agir l'instinct et cet instinct est celui des bêtes de proie. Quand flambaient Louvain, Malines et Reims, quand des centaines de non-combattants étaient sacrifiés à la brutalité d'un envahisseur sans conscience, pas une voix ne s'élevait dans les rangs des socialistes allemands pour protester contre ces monstruosités. Maintenant qu'il s'agit de faire de nouveaux sacrifices pour atteindre quand même le but poursuivi, le révolutionnaire Geck ne trouve pas d'autre raison à faire valoir que celle-ci : « Les intérêts de la classe ouvrière sont identiques, dans cette guerre, à ceux de l'ensemble de la nation », à ceux du militarisme brutal et barbare, aurait-il dû ajouter.

Hé oui ! pour l'Allemand le soldat n'est pas autre chose que le pionnier de la fameuse « kultur », de cette civilisation qui se monnaye en gros sous. Que l'officier pille et détruise les usines étrangères, qu'il massacre leurs ouvriers, le prolétaire allemand en tirera le plus grand profit et ne pourra qu'applaudir aux crimes de celui qui le débarrasse de dangereux concurrents.

Voilà pourquoi Geck, le doctrinaire socialiste intransigeant d'hier, est aujourd'hui un militariste enragé. Mais j'y pense, fut-il jamais doctrinaire et ses amis politiques s'appliquèrent-ils jamais à l'être?

Dans les derniers congrès internationaux du parti socialiste, les Français avaient eu la candeur de poser la question suivante : « Êtes-vous prêts, comme nous le sommes nous-mêmes, à proclamer la grève générale, dans le cas où les capitalistes voudraient déchaîner la guerre? » Les Allemands refusèrent obstinément de répondre. Ils étaient donc bien décidés à prendre les armes contre le prolétariat des autres pays. Et pourtant, ils auraient parfaitement admis qu'à l'étranger on appliquât la tactique dont ils ne voulaient eux-mêmes rien savoir. Cela eût évidemment facilité leur besogne de patriotes.

C'est ainsi que de tout temps l'antimilitarisme fut, pour les Allemands, un article d'exportation. Eux-mêmes savaient s'en préserver. Faut-il, à ce propos, rappeler la formidable campagne que les députés socialistes allemands menèrent, aux congrès de Berne et de Bâle, contre le vote par le Parlement français de la loi de trois ans ? Pourquoi donc n'avaient-ils pas, dans leur propre pays et à la même époque, organisé des réunions de protestation contre l'augmentation des crédits militaires? Là-bas leur opposition fut de pure forme, ici elle revêtit un caractère d'âpreté vraiment extraordinaire. Grumbach, l'agitateur qu'on toléra si longtemps à Paris, se vantait d'y avoir tenu plusieurs réunions pour faire avorter la loi de trois ans. Quand la guerre le surprit en France, il se hâta de passer en Suisse, pour se mettre à la disposition des autorités militaires allemandes. Geste symbolique, qui nous fait toucher du doigt toute l'hypocrisie du socialisme allemand, qui s'attachait à briser l'esprit militaire chez les rivaux de son pays, mais qui entendait bien profiter ensuite de ces faiblesses pour mieux les écraser.

Que d'idoles ont donc été renversées depuis quelques mois ! Celle du socialisme allemand, sur les autels de laquelle tant de naïfs adorateurs brûlaient jadis leur encens, est maintenant étendue dans la poussière, et ce ne sont pas les déclarations patriotiques de l'ex-révolutionnaire Geck qui restaureront son culte.

UN RENÉGAT
LE Dr EUGÈNE RICKLIN

Nous sommes une demi-douzaine auxquels le gouvernement de Strasbourg vient de retirer leur nationalité alsacienne-lorraine et, par contre-coup, la nationalité allemande, parce que nous sommes accusés et convaincus de haute trahison devant l'ennemi. C'est désolant. Pour ma part, j'ai vu mes cheveux en blanchir presque instantanément, d'autant plus que la pièce officielle porte que nous sommes, de ce fait, devenus des *Heimatlose*, l'égal des sans-patrie, des sans-domicile, des gens qui ne peuvent plus demander la protection d'aucun groupement national, des pauvres parias, des tziganes qui errent lamentablement à travers le monde, pourchassés par toutes les polices, accueillis partout à coups de pierre par les populations sottement méfiantes, mordus par tous les roquets.

Heimatlos ! Quel châtiment, quand on avait eu l'honneur incomparable d'appartenir pendant tant d'années à la race prédestinée, au peuple choisi, à cette grande famille germanique, sur tous les enfants de laquelle l'aigle impérial étend l'ombre protectrice de ses ailes largement déployées !

Combien plus enviable est donc le sort du président de la Chambre d'Alsace-Lorraine, de ce brave Dr Ricklin auquel tous les journaux d'outre-Rhin tressent des couronnes de civisme et dont ils opposent le truculent et verbeux patriotisme à notre abominable traîtrise !

Le député d'Altkirch est un personnage singulier. De taille moyenne, replet, la figure couturée d'innombrables balafres,

les moustaches retroussées comme celles
d'un chat en colère, le regard non pas intelligent, mais finaud, abrité derrière des
verres de myope, le verbe nasillard, le
geste circonspect, c'est bien le type le plus
parfait du paysan madré que ni le collège,
ni l'université n'ont pu affranchir des pratiques du maquignonnage. Pour lui, tout
se résume dans les formules suivantes :
« Quel est le parti qui a le plus de chance de
dominer? Que devrai-je faire pour que,
dans ce parti, je puisse arriver à jouer le
premier rôle? Par quels chantages me
sera-t-il possible, tout en passant pour
un homme de parti, d'obtenir, partout et
toujours, la protection gouvernementale? »

Le Dr Ricklin n'a, en effet, pas de
principes ; il n'a que des appétits, et ceux-
ci sont démesurés. Voici en quelques mots
son histoire. Né à Dannemarie, il avait
dix ans quand sa mère, devenue veuve,
épousa en secondes noces un employé de
chemin de fer bavarois. Celui-ci étant

retourné dans son pays d'origine, le petit Eugène l'y suivit, y passa quelques années au collège et devint étudiant dans une université de Bavière, où, s'étant fait recevoir dans un « Corps », il se battit souvent en duel et recueillit, avec les balafres qui le défigurent, la preuve de son « courage ».

Devenu aide-major dans l'armée, il revint en Alsace-Lorraine et se distingua d'abord par son zèle patriotique, acceptant la présidence de la Société des vétérans de Dannemarie, briguant la mairie, se mettant en uniforme toutes les fois que les règlements militaires le permettaient. En ce temps-là, Ricklin était gouvernemental et anticlérical. Son mariage avec une cousine fort riche et animée de sentiments très religieux le transforma quelque peu. Il avait d'ailleurs été piqué par la tarentule politique et s'était rendu compte que le centre alsacien-lorrain ouvrait les meilleures perspectives à son ambition. Il avait su si bien manœuvrer que, quand M. le

chanoine Winterer renonça spontanément à
son mandat du Reichstag, il se fit désigner
par le vieux lutteur comme son héritier
politique.

Élu, à une écrasante majorité, membre
du Reichstag, sur un programme d'opposition nationale, M. Ricklin réussit bientôt
à entrer à la Délégation d'Alsace-Lorraine.
Dans l'un et l'autre Parlement, il afficha
d'abord des sentiments alsaciens de bon
aloi et ses anciens amis manifestèrent
même une certaine surprise de le voir évoluer avec une telle rapidité. Cependant, il
faut bien le reconnaître, les collègues du
médecin de Dannemarie avaient toujours
conservé quelques doutes sur la sincérité
de ses opinions nouvelles. Toujours l'opportunisme, un opportunisme dicté par
l'égoïsme le plus étroit, présidait aux
interventions du jeune député, pour lequel
le programme de son parti n'avait aucune
valeur quand il n'assurait pas à ses défen-
seurs des avantages matériels.

« Que m'importent les théories ! disait couramment Ricklin, avec sa brutalité habituelle de langage, si elles n'assurent pas la puissance? » Pour lui, le rêve restait la domination ; les voies qui conduisaient à sa réalisation lui étaient indifférentes. Bruyamment, le médecin de Dannemarie se fit casser comme maire (ses démêlés avec les sous-préfets d'Altkirch étaient à cette époque légendaires) : avec éclat, il donna sa démission d'aide-major. Pendant toute une session le Parlement de Strasbourg dut s'occuper de son encombrante personne.

M. de Koeller, qui avait deviné que Ricklin pouvait s'acheter, lui offrit un poste dans l'administration. Ce poste (directeur du service de santé) n'était pas cependant suffisant pour les ambitions du député de Dannemarie. Celui-ci pensa qu'il valait davantage et refusa. Cependant, il avait, dès lors, compris qu'en se mettant à prix, il saurait assurer le pain de ses

vieux jours. Sa nouvelle évolution s'opéra
sournoisement. En apparence, il restait
l'ami des Preiss, des Blumenthal, des
Pfleger. Sous main, il s'appliquait à les
déconsidérer.

Quand vinrent les débats de la réforme
constitutionnelle, il se garda bien de se
compromettre, comme devait le faire le
naïf Vonderscheer ; mais nul ne travailla
plus activement au compromis qui devait
livrer l'Alsace-Lorraine au bon plaisir
du gouvernement prussien. Son seul souci
fut, en ce temps-là, de tailler les circons-
criptions électorales à sa mesure et à celle
de quelques agrariens dont il avait fait
ses hommes-liges. Là, encore, les questions
de principes le laissaient indifférent. Seul
son intérêt le faisait agir. Il faillit d'ailleurs
rester sur le carreau aux élections suivantes, et il en fut très mortifié. Comme,
cependant, Preiss, Blumenthal, Laugel et
Helmer avaient été battus par la coalition libérale-socialiste-allemande, il crut

pouvoir enfin jeter le masque et, carrément, il offrit sa collaboration active à
M. de Bulach. Un groupe de ralliés s'était
formé autour de lui à la Chambre d'Alsace-
Lorraine. Il le poussa délibérément dans
les eaux gouvernementales et obtint ainsi
la présidence du Parlement.

A partir de ce moment, son zèle de
néophyte l'entraîna aux pires des capi-
tulations. C'est lui qui suggéra à M. de Va-
lentini, chef de cabinet civil de l'empereur,
d'envoyer en Alsace-Lorraine un statthalter et un secrétaire d'État prussiens ;
lui encore qui prit, vis-à-vis du gouvernement, l'engagement de condamner l'opposition au silence ; lui qui, par d'odieux
mensonges, amena la majorité de la fraction du centre à voter l'augmentation des
traitements de fonctionnaires.

Est-il, dès lors, surprenant qu'après
que la guerre eut éclaté, Ricklin ait cru
devoir afficher le patriotisme germanique
le plus encombrant ? Tous les journaux

ont signalé le télégramme que, bloqué à Francfort, il avait envoyé au président du Reichstag pour lui exprimer tous ses regrets de ne pas pouvoir voter les crédits de guerre. Ricklin devait d'ailleurs bientôt solliciter l'honneur de reprendre du service dans l'armée allemande. Actuellement, il parade en uniforme, et cela de plein gré.

Voilà l'homme qui, tout en sachant qu'il faisait saigner le cœur de la plupart de ses collègues, a prononcé, lors de l'ouverture du Parlement d'Alsace-Lorraine, les honteuses paroles que voici :

« Pas un Allemand n'a désiré cette guerre et surtout pas le peuple alsacien-lorrain ! Grâce à la bravoure incomparable et unique de nos braves troupes, l'invasion de l'ennemi dans nos pays frontières n'a pas seulement été arrêtée, mais rejetée... Ce sera pour nous un titre de gloire éternel, que non seulement les mobilisables se présentaient au grand complet, mais qu'un nombre impressionnant de volontaires se sont mis, dans notre

pays, à la disposition de la patrie menacée.
De cette place et en votre nom, messieurs, au
nom de notre population, j'adresse fièrement
des mots chaleureux de remerciements aux
enfants de notre pays qui luttent, et je leur
demande de ne pas ralentir, malgré des expé-
riences douloureuses qui ne nous ont pas
été épargnées, l'accomplissement de leur
devoir patriotique et de tenir ferme. Ils ne
luttent pas seulement pour l'honneur et la
liberté du grand Empire allemand : ils
luttent aussi pour le seul avenir heureux,
pour l'avenir allemand de notre pays aimé. »

Le statthalter d'Alsace-Lorraine, M. de
Dallwitz, offrait, quelques jours plus tard,
à la seconde Chambre d'Alsace-Lorraine,
un dîner parlementaire. A peine la moitié
des députés assistaient à ces agapes qui
n'avaient rien de fraternel. Les autres
avaient trouvé le moyen de décliner une
invitation qui les eût forcés à entendre les
menaces du représentant de l'empereur et
les platitudes du président de la Chambre.

M. de Dallwitz est le type du bureaucrate prussien, sec, impérieux, hautain,
qui donne des ordres et exige des agenouil-
lements. Jadis, on envoyait en Alsace-
Lorraine, pour gouverner le pays, des
grands seigneurs dont les bonnes manières
et la vie fastueuse devaient faciliter
certains rapprochements. Le maréchal de
Manteufel, les deux Hohenlohe, le comte
de Wedel avaient su donner à leur rési-
dence les apparences d'une petite cour.
M. de Dallwitz devait changer tout cela,
et transformer le palais en une sorte de
quartier général. Le nouveau statthalter
menait une vie très retirée, il n'assistait
qu'aux cérémonies où sa présence était
indispensable ; les audiences qu'il accordait étaient rares ; par contre, son auto-
cratisme s'affirmait dans toutes les mesures
administratives, et à la moindre velléité
d'indépendance du Parlement, de la presse
ou de l'opinion publique, il répondait
avec toute la brutalité du hobereau

17

prussien, doublé d'un farouche militariste.

Ce petit homme sec, bilieux, au langage hésitant, savait qu'il avait été envoyé à Strasbourg, après les incidents de Saverne, pour rétablir la dictature des généraux, et dans ce loufoque de Deimling, Gallifet manqué, il avait trouvé un collaborateur idéal. Jamais l'Alsace-Lorraine, qui pourtant avait connu de bien mauvais jours, ne connut de régime plus lâchement oppresseur. Dallwitz avait d'ailleurs déjà fait ses preuves antérieurement, puisque, avant d'arriver à Strasbourg, il avait été le ministre de l'Intérieur le plus détesté de la Prusse.

Un seul Alsacien trouvait quelque plaisir à fréquenter ce réactionnaire renforcé : c'était le président de la Chambre, le Dr Ricklin.

On pouvait donc attendre avec une certaine curiosité la première soirée parlementaire sous le régime Dallwitz. L'événement n'a pas trompé l'attente.

Il est d'usage, au dîner officiel que le statthalter offre au Parlement, de porter un toast à l'empereur et le second à son représentant. Le gouverneur, qui prend d'abord la parole, profite de l'occasion pour faire un discours politique. Le président de la Chambre, auquel le texte de cette allocution est généralement communiqué d'avance, y accommode sa réponse.

Or voici le passage principal du toast que prononça M. de Dallwitz :

« Indépendamment des événements de la campagne, la guerre a provoqué dans notre petit pays, en succession rapide, des manifestations réjouissantes. Parmi les plus importantes, je citerai la mobilisation rapide, facile et régulière, même dans les districts les plus rapprochés de l'ennemi, et je soulignerai surtout l'engagement volontaire de plus d'un jeune homme patriote et animé de l'esprit de sacrifice, *bien que les chiffres qui ont été donnés sur ce point par certains journaux aient été absolument fantaisistes.* Par contre, je regrette de ne pas pouvoir passer sous silence les faits absolument monstrueux qui sont caractérisés par les noms de Weill, Wetterlé et de quelques autres ; parce qu'ils sont les indices du désordre qu'avaient provoqué, dans de nombreuses têtes, les enfantillages auxquels avaient donné lieu la chimère grotesque de la double culture et les bavardages de même nature sur le rôle d'intermédiaire que devait jouer l'Alsace-Lorraine (entre l'Allemagne et la France). Bien que la guerre ait infligé de profondes blessures à l'Alsace et à la Lorraine, bien qu'elle vous ait, messieurs, imposé des charges et des sacrifices considérables, j'espère, avec assurance, qu'elle délivrera le pays des tendances qui se manifestaient par ces phrases vagues et ces ridicules mots d'ordre, et que, conscient de son union avec l'Empire, conséquence de sa situation géographique et de son passé historique, le pays saura qu'il est appelé et tenu à être une citadelle imprenable de la pure kultur germanique et du patriotisme allemand. »

Et maintenant voici ce que le président, le Dr Ricklin, crut devoir répondre à ces déclarations hautaines :

« Nous pouvons donner à Votre Excellence l'assurance que nous condamnons de la façon la plus formelle, avec tout le peuple alsacien-lorrain (!), les fautes que quelques-uns ont commises et que nous en éprouvons la plus grande affliction. Avec énergie, nous repoussons la pensée que ces fautes puissent être mises au compte de notre peuple tout entier.

« Avec Votre Excellence, nous souhaitons que bientôt une paix honorable soit obtenue par notre *patrie*. »

Ces platitudes ne devaient pas suffire au Dr Ricklin. Voilà pourquoi le président de la Chambre d'Alsace-Lorraine a encore cru devoir adresser à un journal de Leipzig (*Abendzeitung*) la lettre que voici :

« Je suis entré dans l'armée allemande, comme volontaire, fin janvier. Les motifs de ma décision sont de nature patriotique et politique. Je voulais d'abord faire savoir d'une façon non douteuse ce que je pense de la guerre et quelle est l'issue que je lui souhaite. En rentrant dans l'armée, je ne croyais pas seulement remplir mon devoir vis-à-vis de *notre grande patrie*, mais encore vis-à-vis de notre petit pays. Une partie de l'Alsace-Lorraine et particulièrement ma circonscription électorale (Altkirch-Thann) est terriblement éprouvée. On a presque l'impression que le cœur se brise quand on parcourt les communes abandonnées et en partie détruites et qu'on pense ensuite à la triste situation des populations qui ont dû se sauver ailleurs. Quelle épouvantable responsabilité n'ont pas assumée ceux de nos compatriotes qui, en partie, ont été cause de cette guerre... »

M. Ricklin doit être rédacteur de l'agence Wolff. Il mérite en tout cas de

l'être. Qui donc a ravagé sa circonscription? Qui a fait évacuer les villages voi-
sins de la ligne de feu? Qui a enfin bombardé Thann? Si le président de la Chambre pouvait aller se promener au fond de
la vallée de Wesserling, il y verrait une
population tranquille, heureuse, vivant en
excellente harmonie avec des soldats qui
la ménagent, la nourrissent, l'aiment et
qui sont pour cela l'objet des manifestations les plus touchantes de son admiration et de sa reconnaissance. Malheureusement, M. Ricklin n'a pu voir que les
villages occupés encore par les Allemands
et il y a trouvé des paysans affamés, trem-
blants, qu'une soldatesque méfiante traite
avec la dernière brutalité ! Il s'est bien
gardé de relever ce contraste, lui qui s'est
engagé dans l'armée allemande pour bien
montrer « quelle issue il souhaite à la guerre ».

Méfiez-vous d'ailleurs des néophytes.
Leur zèle fut toujours excessif. M. le Dr Ricklin en a donné une preuve nouvelle dans

le discours qu'il prononça à la fin de la
courte session du Parlement strasbourgeois. Tandis qu'au Sénat, M. Hoeffel, un
ancien rallié, se bornait à proposer à ses
collègues le triple *hoch* traditionnel à
l'empereur, M. Ricklin crut devoir y aller
de nouvelles déclarations flamboyantes
de son patriotisme allemand. Un immigré
aurait hésité, dans les circonstances
actuelles, à se livrer à cette intempestive
manifestation. L' « Alsacien » Ricklin s'y
est complu avec toute l'ardeur d'un loyalisme de fraîche date. Ce triste personnage
a brûlé ses vaisseaux, il sait que dans
l'Alsace-Lorraine redevenue française et
enfin libre d'exprimer ses véritables sentiments, il n'y aura plus de place pour lui.
Aussi ne garde-t-il plus aucune mesure.
Voici la traduction littérale de son discours :

« Messieurs, notre session de guerre est
terminée. Nous croyons nous être acquittés,
au point de vue formel et matériel, de notre
tâche comme l'exigeaient la situation de

notre pays et les intérêts de sa population.
En votant le budget, nous n'avons pas
seulement mis à la disposition du gouvernement les crédits nécessaires pour une
bonne administration, nous lui avons
encore fourni les crédits les plus considérables afin que, d'un côté, il puisse venir en
aide à ceux qui momentanément ont été
atteints par la guerre, et que, d'un autre
côté, il puisse prendre et appliquer les
mesures qui seront nécessaires en Alsace-
Lorraine pour tenir ferme dans la lutte
pour l'existence du peuple allemand. Par
là, messieurs, nous avons accompli notre
devoir, une petite partie de notre devoir
patriotique, comme députés ; mais nous ne
l'avons pas encore rempli tout entier.
Comme représentants et directeurs du
peuple, nous avons encore la mission bien
plus importante de montrer le vrai chemin à notre population, par nos paroles
et par nos actes, durant ces jours critiques.
Nous devons la maintenir dans le droit

chemin, écarter d'elle toutes les influences néfastes, lui inspirer la confiance dans le triomphe de notre juste cause, et l'aider à supporter les dures épreuves qu'elle traverse en ce moment.

« Malheureusement la situation s'est transformée chez nous de telle manière qu'il nous est difficile d'atteindre ce but, et il y aurait de ma part autant d'oubli du devoir que de lâcheté à ne pas le reconnaître ouvertement.

« Notre peuple a été obligé de subir le sort tragique des populations de pays frontières, et même les lamentables et naturelles conséquences de l'indécision nationale ne lui ont pas été épargnées. La guerre a sur ce point purifié l'air du pays et elle le fera encore à l'avenir. Il est de notre devoir de hâter cette transformation et d'aider à l'accomplissement de cette dernière phase.

« Nous trouverons des alliés puissants et indomptables dans les héros originaires d'Alsace-Lorraine, qui combattent pour la patrie allemande avec toute leur force, toutes leurs énergies intellectuelles et affectives, avec tout leur être, et qui, lorsque plus tard ils reviendront chez nous, couronnés des lauriers des vainqueurs, considéreront comme leur plus beau titre de gloire d'avoir assuré à l'Empire allemand une paix durable et d'avoir contribué à conquérir définitivement l'Alsace-Lorraine à cet Empire.

« Paix durable! Oui, nous souhaitons la paix, mais seulement une paix par la lutte et la victoire, une paix qui laissera l'Allemagne non diminuée et non humiliée, une paix qui aura pour condition l'écrasement de tous les ennemis qui ont si criminellement attaqué le peuple allemand et qui imprudemment avaient juré son anéantissement. Cette paix-là, nous l'aurons, parce que nous ne la voulons que sous cette forme.

« Voilà la pensée sur laquelle nous allons nous séparer, et c'est dans cette espérance

que je vous invite à dire avec moi : « Vivent
le peuple allemand, son armée incompa-
rablement vaillante, et celui qui, dans ces
heures difficiles, préside aux destinées de
l'Allemagne et commande ses troupes, Sa
Majesté l'empereur allemand ! »

Voilà ce qu'a dit, à la fin de la dernière
session du Parlement alsacien-lorrain, le
président Dr Ricklin. Nous avons cru que
la meilleure punition de ce renégat serait
la publication intégrale de ses honteuses
déclarations. Tout commentaire serait
superflu. Les Alsaciens-Lorrains, qui ont
dû rougir d'entendre le président de leur
Parlement se vautrer ainsi devant les
maîtres actuels de leur pays et pousser
l'inconscience jusqu'à les dénoncer eux-
mêmes aux sévérités des Allemands, auront
bientôt, nous en avons l'assurance, la
possibilité de dire ce qu'ils pensent de ce
traître aussi lâche qu'odieux. Et ils le lui
diront clairement, on peut y compter.

IV

ALLOCUTIONS

—

LA NOEL DE 1914

*Aux petits Marseillais qui ont reçu
les Jouets du « Soleil du Midi ».*

Mes chers enfants,

C'était aux plus mauvais jours de la
guerre de 1870. Paris était assiégé. Or,
il y avait en ce temps-là, dans la grande
ville, un peintre de grand talent, colo-
riste prestigieux, auquel ses amis pro-
mettaient le plus brillant avenir. Il s'appelait Henri Regnault. Quand la France
meurtrie fit appel à ses dernières réserves, il s'engagea. On en manifesta
quelque surprise dans son entourage.

Allait-il priver l'art français de ses plus belles espérances? Regnault expliqua d'un mot sa résolution : « On bat maman, dit-il, je cours la défendre. »

Maman, c'était la France. Ah ! combien il avait raison, le jeune peintre qui, quelques jours plus tard, tombait héroïquement à Buzenval. La patrie n'est que la famille agrandie. Quand l'enfant vient au monde, il est incapable de se défendre contre la faim, le froid, la maladie. Mais Dieu, qui a tout prévu, a placé près de son berceau la mère qui attentivement veillera sur sa faiblesse et lui donnera, sans se lasser, avec une affection qui ne se démentira jamais, la pâture du corps et de l'esprit. Et comme vous vous sentez bien protégés, mes chers enfants, quand vous vous réfugiez dans les bras de vos mamans !

Or, la famille ne pourrait pas davantage vivre seule au milieu des dangers qui la menacent. Les hommes se sont donc groupés en cités où ils coordonnent leurs efforts pour s'assurer à tous plus de sécurité et plus de bien-être. Et la cité elle-même ne saurait se suffire, tant ses besoins sont grands et impérieux. Villes et villages forment donc des provinces, et les provinces, la patrie commune.

Voilà comment le mot « maman » s'élargit. Il ne désigne plus seulement la femme bonne et aimante qui vous dorlote, il s'applique encore à la cité qui vous abrite et au pays qui vous assure la protection de ses lois.

Oui, c'est bien cela, la France pour vous, c'est maman, la grande, belle, généreuse maman, qui n'a qu'un souci : vous transmettre les traditions de votre race.

En effet, comme dans votre famille, il y a un incomparable trésor de traditions dans le pays auquel vous appartenez. Votre mère vous raconte volontiers les exemples de vertu qu'ont donnés vos ancêtres directs. La France, elle, vous apprend tous les jours à lire dans le livre d'or de sa merveilleuse histoire. Et vous le sentez très bien, ils sont vos parents, les Phocéens qui, autrefois, vinrent s'établir sur ces rives enchanteresses de la Méditerranée, les Gaulois qui les accueillirent avec joie, les Romains qui leur apportèrent leur civilisation disciplinée, les marins, les soldats, les commerçants et les artistes qui transformèrent votre incomparable cité. Ils sont encore vos parents, tous les héros de la France, ceux du moyen âge, comme ceux de la Renaissance et des temps modernes. Vous êtes fiers de Jeanne la Lorraine, comme du Corse qui, sous le nom de Napoléon, asservit l'Europe. Toutes les gloires françaises sont vos gloires familiales. Pourquoi ? Hé ! simplement parce que, comme le dirait Regnault, la France, c'est votre maman commune, votre belle, tendre, affectionnée maman, à vous tous.

Eh bien ! cette maman, on a voulu la battre et tous ceux de ses enfants qui

pouvaient porter les armes se sont dressés
pour la défendre.

Les Allemands, ces demi-barbares, pensaient que le moment était venu d'imposer
à tous les autres peuples leur dure domination. Sans autre motif que leurs folles
ambitions, ils ont attaqué la France, dont
ils convoitaient les richesses.

Que diriez-vous d'un voisin qui voudrait vous chasser de votre logement, simplement parce qu'il se croit le plus fort?
Vous le traiteriez de brigand et vous vous
armeriez pour le repousser. La guerre, ce
n'est pas autre chose. La maison, que nos
soldats préservent de l'invasion des voleurs,
s'appelle la patrie.

On ne doit pas tuer, Dieu et la loi l'inter-
disent. Mais, quand il s'agit d'empêcher
les criminels de nuire, ce commandement du décalogue n'existe plus. Et
parce que le territoire de la patrie est
la propriété commune de tous les citoyens, parce que tous les habitants d'un

pays ne forment qu'une grande famille, il devient nécessaire que chacun vole au secours de la France, notre mère à tous.

Peu importe que ce soit le Nord, ou le Midi, qui soit menacé, la famille nationale ne connaît pas ces fragiles et décevantes distinctions. Quelle que soit la frontière que l'ennemi envahisse, toute la nation se précipite au-devant de lui pour l'arrêter.

Depuis cinq mois vous entendez, mes chers enfants, des récits de batailles. Votre esprit s'enflamme, votre cœur vibre en recueillant l'écho de tous les actes d'héroïsme de nos braves petits soldats. Et vous comprenez très bien que c'est votre sort à vous qui se joue là-bas dans les tranchées des Flandres. Si vous êtes bien tranquilles ici, sur les bords de la mer bleue, si les dévastations de la guerre vous sont épargnées, c'est parce que 4 millions de jeunes hommes sont prêts à verser leur sang pour vous protéger. Et ces hommes sont vos frères, vos grands frères, et tout naturellement votre reconnaissance et votre affection vont à ces vaillants.

Ah ! de toutes vos énergies criez-leur merci ! aux héros qui se sacrifient pour vous. Jetez de grosses brassées de fleurs sur la tombe des héros qui sont tombés au champ d'honneur. Envoyez de gros baisers où vous mettrez toute votre admiration, à ceux que les plus dures privations et les plus grands dangers n'arrêtent pas sur le chemin du devoir.

Et puis, n'oubliez pas non plus de tirer, du spectacle tragique auquel vous assistez, de virils enseignements. Dans quelques années vous serez, à votre tour, des hommes, et peut-être qu'alors ce sera votre tour de défendre maman. Préparez-vous à cette noble mission en vous imposant cette noble discipline de tous les jours, qui s'appelle la vertu. Soyez de bons Français. Vous le pouvez dès maintenant, si vous meublez votre esprit, si vous assouplissez vos corps, si, partout et toujours, vous placez au-dessus de vos petites passions l'amour de la patrie.

La France est si belle ! Vous la voyez tous les jours et c'est pour cela que vous ne vous apercevez pas de son charme souverain. Vous me permettrez bien de vous rappeler que nous autres, Alsaciens-Lorrains, vos frères d'hier et, j'en suis sûr, vos frères de demain, nous avons été, pendant quarante-quatre ans, séparés de notre patrie. Et c'est un peu pour cela que nous l'aimons davantage. On nous avait donné une marâtre, qui avait le cœur fermé et la main dure. Dès lors, est-il surprenant que notre vraie mère nous soit apparue sous des dehors si séduisants? Ah ! si vous saviez comme nous nous réjouissons de pouvoir bientôt nous asseoir de nouveau à la table familiale que vous n'avez jamais quittée !

Ce sera notre cadeau de Noël, ce retour au foyer, et combien ce cadeau nous paraîtra merveilleux.

Votre Noël à vous, mes chers enfants, sera la certitude de voir la France reprendre son rang parmi les grandes nations. Dans le soulier du général Joffre le petit Jésus mettra un bulletin de victoire pour vous tous. Et je suis sûr que chacun d'entre nous s'en réjouira plus que des plus brillants jouets.

Autour de la Crèche de l'Enfant-Dieu les anges chantaient : Paix sur la terre aux hommes de bonne volonté. L'année 1915 vous apportera la paix, une paix radieuse et durable ; mais nous n'oublierons jamais que nous en sommes redevables à ceux qui, comme Regnault, et avec plus de succès, se sont écriés, au mois d'août dernier : « On bat maman, je cours la défendre. »

POUR LA SERBIE

*(Allocution prononcée au Trocadéro
le 31 janvier 1915.)*

Un de mes amis se proposait, l'an dernier, d'organiser à Paris un congrès des
nationalités opprimées. Le projet ne put
pas aboutir dans les délais prévus. Il est
cependant assez curieux de constater que
toutes les nationalités qui avaient promis
leur concours à cette étrange manifestation
avaient à se plaindre du même ennemi :
l'Allemand.

Serbes et Croates, Tchèques et Galiciens, ¦Danois, Polonais de Prusse, Alsaciens-Lorrains, tous se proposaient d'élever leur protestation collective contre le plus dur et le plus impitoyable des maîtres.

Or, on ne saurait trop le répéter, les Teutons doivent leur unité reconquise au principe des nationalités que jadis ils invoquaient, sans se lasser, pour réunir sous la domination des Hohenzollern toutes les races allemandes.

Et, aujourd'hui encore, c'est le même principe qu'invoquent les hyperpatriotes d'outre-Rhin, quand ils proclament que le drapeau allemand doit flotter sur tous les pays qui appartenaient jadis au Saint-Empire, comme sur ceux où la population parle un dialecte d'origine germanique. Contradiction flagrante, mais qu'explique largement la mentalité teutonne, qui est en même temps celle d'un humble et servile quémandeur, et celle d'un parvenu plein de morgue et de suffisance.

Que de fois n'ai-je pas été surpris de trouver dans un journal pangermaniste, colonne à colonne, un article larmoyant sur la russification de la Lithuanie, et un appel aux pires rigueurs contre les Polonais prussiens qui refusaient de renoncer à leur langue nationale?

Que demain, les armées alliées passent en Allemagne, les mêmes savants qui, hier encore, dans l'enivrement des premières victoires, proclamaient le droit au pillage, aux meurtres et à l'incendie, se transformeront en mendiants pleurnichards qui, au nom de l'humanité, demanderont, des larmes dans les yeux et des sanglots dans la gorge, qu'on épargne leurs monuments, leurs musées, leurs usines, sans compter leurs précieuses personnes !

L'Allemand est dépourvu de toute dignité dans la défaite, de toute générosité quand il croit tenir le succès.

Les Serbes l'ont bien vu, et j'ai quelque reconnaissance aux *Amis de Paris* de m'avoir fourni l'occasion de rappeler les phases de l'étonnant martyre, et la merveilleuse résurrection d'un petit peuple vaillant entre tous.

Pendant quatre siècles, la Serbie a subi le joug odieux de la Turquie. Ce n'est qu'au commencement du XIXe siècle que, sous la direction de leurs héros nationaux Georges Petrovitsch, Karageorges et Miloch Obrenovitch, les Serbes purent reconquérir leur indépendance et reconstituer le royaume de Stevan Nemania et de Douchane.

Or, leurs épreuves n'étaient pas encore terminées. Les Allemands d'Autriche venaient, sous l'inspiration des pangermanistes de Berlin, d'inaugurer la politique brouillonne qu'ils avaient synthétisée dans la formule de « poussée vers l'Est » (*Drang nach Osten*). Pour leur permettre d'arriver au port tant convoité de Salonique, qui devait leur ouvrir les portes de l'Asie Mineure, il fallait que la Serbie fût détruite. C'est alors que commença cette lutte déloyale et perfide, qui s'épuisait en mesquines tracasseries, en blocus de frontière, en arrêts savamment organisés et répétés de la vie économique du pays voisin.

Les Serbes étouffaient dans leurs frontières trop étroites. Pour s'affranchir de la tutelle autrichienne, il leur fallait de l'air du côté de l'Adriatique. Tous les efforts de la diplomatie viennoise tendaient, au contraire, à leur fermer cette porte de sortie, afin de mieux pouvoir les tenir sous son entière dépendance.

Quand l'Autriche annexa brutalement la Bosnie et l'Herzégovine, un long cri de douleur retentit dans la patrie de Karageorges ; car c'étaient des frères de race, que l'empire des Habsbourg privait de leurs dernières espérances de retour à la mère Patrie. A cette époque déjà, les hommes d'État du Ballplatz faillirent déchaîner sur l'Europe les horreurs d'une guerre générale. L'inlassable patience de la Russie, et l'héroïque résignation de la Serbie nous évitèrent alors cette catastrophe.

Cependant, les exactions de la Turquie, encouragée par l'Allemagne, dont elle était déjà devenue le peu reluisant second en Orient, rapprochèrent les peuples balkaniques, et, dans une première guerre, les Serbes, aux côtés des Bulgares et des Grecs, se couvrirent d'une gloire immortelle. Faut-il rappeler, à ce propos, que la presse allemande et autrichienne fit, en cette occurrence, preuve d'une révoltante partialité? Heureusement que les canons du Creusot valaient mieux que ceux des usines Krupp, et que leurs servants avaient de qui tenir !

L'Autriche ne devait pas, d'ailleurs, capituler. Dès le lendemain de la victoire de la ligue balkanique, elle sema la discorde parmi les vainqueurs, et c'est sur son instigation que la deuxième guerre fut déclarée par la Bulgarie. Cette fois encore, les calculs égoïstes des pangermanistes furent déjoués par le merveilleux entrain des troupes serbes.

La route de Salonique semblait définitivement barrée, et toute la politique de la

poussée vers l'Est s'effondrait misérable-
ment. L'univers s'était incliné devant la
vaillance du petit peuple qui avait su ainsi,
les armes à la main, sauvegarder son indépendance. Les deux empires allemands,
seuls, ne cachèrent pas leur dépit, et repri-
rent immédiatement leurs honteuses intrigues. Je ne rappellerai que pour mémoire la
création de ce royaume d'opérette, de cette
Albanie, dont le souverain dépossédé est
aujourd'hui ce qu'il n'aurait jamais dû
cesser d'être, major dans un régiment de
uhlans.

L'attentat imbécile de Sarajevo fournit
aux Allemands le facile prétexte d'une
intervention, qui avait été préparée de
longue date, et qui, on le sait maintenant
par les révélations des hommes d'État
italiens et roumains, avait failli se produire un an plus tôt. La Serbie fit preuve,
en cette occasion, d'une sagesse que d'au-
cuns trouvèrent excessive. Elle accepta
toutes les humiliations que l'Autriche,

complice de l'Allemagne, lui imposa. On ne
saurait trop relire sa réponse avisée à la
note comminatoire de son puissant voisin.
Mais rien ne pouvait plus désarmer un
ennemi décidé à écraser ceux qui ne voulaient pas accepter son entière domination,
et, quelques jours plus tard, l'Allemagne,
qui eût dû imposer sa bienveillante média-
tion aux deux adversaires, si réellement
elle n'avait pas voulu et préparé la confla-
gration universelle à laquelle nous assistons, déclara la guerre à la Russie et à la
France, et commit ainsi le plus monstrueux
attentat de tous les temps contre le droit
des gens.

Ils pensaient ne faire qu'une bouchée de
la Serbie, les deux grands empires !

Or, aujourd'hui, après six mois de guerre,
les soldats du roi Pierre sont encore là,
debout, fiers, défiant leurs adversaires
félons. Comment raconter la merveilleuse
épopée de cette armée, ou plutôt de tout ce
peuple en armes, que trois guerres longues

et cruelles n'ont pas abattu, et qui, aux yeux de l'univers étonné, donne le spectacle d'une si calme, d'une si triomphante énergie? Belgrade a connu les horreurs d'un interminable bombardement, mais, de nouveau, le drapeau serbe flotte aujourd'hui sur ses remparts démolis. Les Autrichiens, qui espéraient ne faire qu'une promenade militaire dans le pays qu'ils dédaignaient autant qu'ils le convoitaient, ont connu la honte de la plus effroyable défaite. Jamais le droit outrageusement piétiné ne vit pareille revanche. Jamais la loi du plus fort ne fut déchirée avec plus joyeux entrain. David a, de nouveau, abattu Goliath !

Les Allemands, dans leur épais orgueil, insultent leurs ennemis. Les Russes barbares, les Français dégénérés, leur ont déjà prouvé que ce n'est pas avec des injures qu'on abat des peuples soucieux de leur indépendance et de leur dignité. Plus pesamment encore, les Germains traitent

les Serbes de « marchands de pièges à rats »,
et les Monténégrins « de voleurs de moutons ». Or, ce ne sont pas de pauvres rongeurs que les soldats du roi Pierre ont pris
dans leurs pièges, mais 60 000 solides prisonniers autrichiens ! Quant au reste, nous
ne ferions aucun reproche aux Allemands
s'ils n'avaient pris que des moutons, tandis
que ce sera l'éternel opprobre de ces
voleurs de pendules d'avoir pillé les musées,
les églises, les propriétés particulières,
et d'avoir fait la guerre comme les hordes
des Vandales la pratiquaient autrefois.

L'orgueil des Allemands est aujourd'hui
brisé ! Huit peuples se sont coalisés pour
défendre contre eux le patrimoine sacré
de nos vieilles civilisations. Ils croyaient
pouvoir sans danger détruire cette petite
nationalité qu'un de leurs sayants, le professeur Oncken, traitait de « parasite qui
s'engraisse au milieu des combats que se
livrent les puissances ». A l'honneur des
puissances qui ne pratiquent pas, comme

l'empire germanique, le seul culte de la force brutale, la Russie, l'Angleterre et la France ont étendu leurs mains protectrices sur les Serbes, les Monténégrins et les Belges.

Et voyez comme la justice triomphe toujours de la violence et de la duplicité ! Ce ne sont plus les seuls peuples balkaniques qui, à cette heure, ont le droit d'espérer leur délivrance ! Les provinces prussiennes de la Pologne, les Tchèques, les Croates, les Roumains, et vous me permettrez bien aussi de l'ajouter, les Alsaciens-Lorrains, voient avec ivresse poindre l'aurore du jour où ils pourront secouer le joug de l'Allemand détesté !

La guerre actuelle n'est pas le différend sanglant qui liquide une querelle localisée, c'est la lutte grandiose entre deux symboles, celui de la force, seul principe de la domination, et celui de l'idée, qui se met au service du droit et de la justice, même au profit des plus faibles ! Voilà pourquoi nous

pouvons, nous devons envisager l'avenir
avec confiance ! Voilà pourquoi demain
nous fêterons avec enthousiasme le triomphe des nationalités que l'Allemagne avait
déjà opprimées, et de celles qu'elle prétendait encore asservir !

AUX ALSACIENS-LORRAINS

*(Allocution prononcée le 13 mai
à la matinée du Trocadéro.)*

Un grand journal américain écrivait
avant-hier : « Il y a un animal féroce
lâché dans le monde, qui combine la férocité de l'animal sauvage avec les instincts
vicieux de l'humanité dégénérée. La lutte
n'est pas déchaînée de nation à nation,
c'est la lutte de la barbarie contre la civilisation. »

Voilà l'opinion des libres citoyens des
États-Unis, de ce pays où pourtant 12 millions d'Allemands immigrés ont cherché
par tous les moyens et sous la direction
d'un ambassadeur, oublieux de toute cor-

rection, et d'un envoyé spécial du kaiser
dont les poches étaient bourrées de bank-
notes, à exercer la pression la plus éhontée
sur le sentiment populaire.

Écoutez le rapide exposé des crimes de
l'Allemagne. Elle a préparé, elle a voulu
la guerre. Sur ce point, le doute n'est plus
permis. Toutes les ruines, tout le sang
versé retombent sur le peuple de proie
qui a jeté les uns contre les autres 20 millions de combattants pour établir sa domination brutale sur le monde asservi.

Par ses professeurs d'université, par ses
associations patriotiques, par ses livres et
ses journaux, elle a créé dans son peuple
la démence collective qui, depuis neuf
mois, s'extériorise par les actes les plus
monstrueux.

La guerre est régie par des conventions
internationales qui portent la signature de
l'Allemagne. Or, ces conventions, comment les barbares, qui voulaient avant tout
inspirer la terreur à leurs adversaires,

pour pouvoir mieux et plus rapidement
les vaincre, les ont-ils observées?

Il est défendu de ne pas faire de quartier
à l'ennemi qui se rend. Or, j'ai moi-même
pu lire dans le carnet d'un sous-officier
allemand fait prisonnier à la Marne la
phrase suivante : « Aujourd'hui, ordre du
général, pas de quartier, pas de prisonniers, pas de blessés, tout sera tué. »

Il est défendu d'attaquer et de bombar-
der les villes, villages, habitations, bâti-
ments non défendus, de détruire, même
pendant les sièges, les édifices consacrés
aux cultes, aux arts, aux sciences, à la bien-
faisance, les monuments historiques, les
hôpitaux, d'endommager et de saisir les
propriétés ennemies, sauf les cas où ces
destructions seraient impérieusement com-
mandées par les nécessités de la guerre. Or,
les Allemands ont incendié systématiquement, avec des pastilles que leurs chimistes
avaient soigneusement préparées à cet
effet, un grand nombre de villages belges

ils ont détruit Louvain, Malines, Ypres,
Reims, Soissons. Ils ont pillé toutes les
propriétés privées et poussé le cynisme
jusqu'à vendre aux enchères, dans leur
pays, les meubles qu'ils avaient volés. Le
prince impérial a donné l'exemple de ces
sinistres cambriolages. Et le Bonnot impérial a déclaré que « s'il était obligé d'abandonner l'Alsace-Lorraine, il la laisserait
nue comme la main ».

Il est défendu de tuer et de blesser des
individus appartenant à la nation et à
l'armée ennemies. Or, les Allemands ont
massacré froidement des prisonniers, qui
refusaient de leur donner des renseignements utiles, ils se sont montrés particulièrement cruels vis-à-vis des Belges et des
Anglais, ils ont crucifié un officier britan-
nique.

Il est défendu de porter atteinte à la vie
des individus et à la propriété privée, de
se livrer au pillage, d'infliger aucune peine
collective pécuniaire ou autre aux popula-

tions, à raison de faits individuels dont elles ne pourraient pas être considérées comme solidairement responsables. Or, les Allemands ont imaginé de fausses histoires de francs-tireurs pour imposer aux municipalités d'énormes réquisitions en argent, pour procéder à des exécutions collectives, pour raser des communes.

Il est défendu de se servir de gaz asphyxiants. Or, les Allemands en ont fait l'usage le plus abusif et le plus cruel. Des centaines de soldats français et anglais sont morts étouffés et crachant le sang, après avoir aspiré les vapeurs de chlore que leurs ennemis avaient projetées à l'aide de pompes spécialement fabriquées pour cet usage. Les Allemands ont encore employé les bombes asphyxiantes. Ils ont inondé les tranchées ennemies de pétrole enflammé.

Leurs avions et leurs dirigeables ont jeté un nombre incalculable de bombes sur des villes ouvertes, incendiant des immeubles particuliers et tuant de pauvres femmes et des enfants innocents.

Leurs sous-marins ne se sont pas attaqués à la flotte anglaise, mais ils ont lâchement, sans avertissement préalable, torpillé des navires de commerce. Leur dernier exploit a soulevé l'indignation du monde entier. Sur le *Lusitania* 1 500 civils, dont 500 femmes et 120 bébés, sont allés au fond de la mer.

Et tous ces monstrueux attentats ont été fêtés par la presse allemande comme des victoires. On a pavoisé à Berlin après le bombardement de Malines et de Reims, pavoisé après le crime d'Ypres, pavoisé après le torpillage du grand paquebot anglais.

Et il est des crimes qu'on ne peut même pas mentionner ici, tant ils sont ignobles. Quand on écrira plus tard l'histoire de cette guerre, où tous les moyens d'action de l'agresseur avaient été minutieusement prévus et combinés, l'imagination s'arrêtera épouvantée devant tant d'horreurs.

L'Allemand, lui, ne comprend rien, ne voit rien que la réalisation de ses instincts de brute qui, par la terreur, veut arriver à la domination universelle.

Un rire épais et gras a secoué l'Allemagne toutes les fois que, grâce aux violations de la Convention de La Haye, les soldats du kaiser ont remporté un nouveau succès. D'innombrables télégrammes de félicitations ont été adressés à l'amiral Tirpitz après l'engloutissement du *Lusitania*.

Le journal américain a donc raison : une bête féroce est lâchée dans le monde. Les puissances neutres, même celles qui d'abord avaient manifesté quelques sympathies pour l'Allemagne, ont fini par s'en convaincre. Et c'est pour cela qu'à cette heure le même cri de réprobation s'élève dans tout l'univers. Suisses et Italiens, Roumains et Grecs, Espagnols et Américains, tous se lèvent pour jeter l'anathème au banditisme germanique et pour ap-

plaudir à l'héroïsme de ceux qui veulent
mettre la bête malfaisante en cage.

Et maintenant, il me reste encore à
vous dire deux mots du martyre de l'Alsace-Lorraine depuis quarante-quatre ans.
Je ne m'attarderai pas à vous rappeler
toutes les mesures de rigueur dont nous
avons été victimes : la dictature, les expul-
sions, la proscription de la langue française, les refus de permis de séjour, les
passeports, les procès politiques, les sup-
pressions de journaux et d'associations,
la pression officielle, la ruine commerciale
des indigènes systématiquement organisée,
la morgue des fonctionnaires étrangers,
l'insolence des militaires.

D'un mot je résumerai toute la situation :
pendant près d'un demi-siècle, les pillards
et les massacreurs de la Belgique et du Nord
de la France ont été les maîtres absolus
en Alsace-Lorraine.

Vous avez peut-être été surpris, vous qui
ne connaissiez pas les Allemands, de les

voir commettre tant d'atrocités. Nous autres qui avons vécu si longtemps avec eux et sous leur domination, nous n'en avons éprouvé aucun étonnement.

Nous savions que ces brutes, quand elles ne sont plus sous l'empire de la crainte, sont capables de tous les excès et que, sous le léger vernis de civilisation artificielle qui cachait leurs tares aux yeux des étrangers, il n'y avait que sauvagerie, férocité et ignominie.

Vous, Alsaciens-Lorrains de France, vous entendiez parfois nos plaintes ; mais, absorbés par les préoccupations de la vie de tous les jours, vous étiez parfois disposés à croire qu'il y avait de notre part quelque exagération. Les derniers événements viennent de montrer que notre patience et notre résignation étaient encore plus grandes qu'on ne pouvait le supposer.

Aussi est-ce avec une joie délirante que nous assistons aux exploits des soldats de France.

Je recevais, ces jours derniers, d'Alsace une lettre qui est, à ce propos, bien instructive. Voici ce qu'on m'y disait :

« Au début de la guerre, notre population avait éprouvé quelque ennui. Elle redoutait les ruines de l'invasion. A l'heure actuelle le sentiment est unanime et il s'exprime partout dans les mêmes termes : Qu'on nous pille, qu'on incendie nos propriétés, peu importe, pourvu qu'on nous débarrasse de ces monstres. »

On vous en débarrassera, et bientôt, mes chers compatriotes. L'épreuve est dure ; mais combien le lendemain s'annonce rayonnant et consolateur !

Cette guerre abominable nous ne l'avons pas cherchée, nous ne l'avons pas souhaitée; mais, puisqu'elle a éclaté malgré nous, il est de notre devoir de souhaiter qu'elle sanctionne le triomphe du droit et que, par contre-coup, elle permette aux deux sœurs exilées de se jeter de nouveau, avec ivresse, dans les bras de la mère enfin retrouvée, de cette France si belle, si bonne, qu'elles n'avaient jamais cessé d'aimer.

Et maintenant permettez-moi d'envoyer, au nom de l'Alsace-Lorraine, un salut ému; débordant d'enthousiasme reconnaissant, aux héros qui se sacrifient si généreusement pour notre délivrance. Permettez-moi aussi de tirer de leur courage et de leur endurance, un précieux enseignement.

Les soldats de la République versent leur sang, les mères et les épouses laissent couler leurs larmes dans les sillons, où demain germeront les moissons de la gloire française. A nous autres que l'âge retient loin des combats, il nous est doublement douloureux d'assister à tous ces actes de bravoure et à tous ces sacrifices sans pouvoir y participer. Mais ce que nous pouvons faire le voici :

Faisons le serment que tout ce sang et toutes ces larmes ne seront pas perdus. Affirmons que la France, qui sortira grandie de cette guerre, saura en comprendre les dures leçons; qu'à l'avenir, toutes les fois qu'une question nationale se posera, l'union sacrée sera maintenue; que nous nous appliquerons dorénavant à pratiquer toutes les vertus civiques; que, séparés parfois sur les moyens de favoriser le progrès, nous nous retrouverons toujours dans la même volonté de faire la patrie grande et respectée.

Les journaux racontaient ces jours derniers que devant une tranchée démolie par l'artillerie allemande, un blessé qui voyait accourir les bataillons ennemis s'était écrié : « Debout, les morts ! » et qu'à cet appel les corps étendus s'étaient ranimés et qu'un feu nourri avait arrêté l'élan de l'ennemi.

Quand après la victoire quelques inconscients voudront de nouveau proclamer la haine là où ne doit dorénavant régner que la concorde, nous nous écrierons à notre tour : « Debout, les morts ! » et les 300 000 victimes de cette guerre sortiront de leurs tombeaux pour nous dire :

« Ce n'est pas pour cela que nous avons accepté courageusement la mort. Nous avons mêlé notre sang dans les mêmes tranchées, riches et pauvres, savants et illettrés, prêtres et ouvriers. Ne rendez pas notre sacrifice inutile par de stériles querelles. Aimez-vous, estimez-vous les uns les autres comme nous avons appris à nous aimer et à nous estimer en luttant coude à coude. »

Et cette voix d'outre-tombe, j'ai tout lieu de le croire, sera entendue et la France, régénérée par la douleur, marchera d'un pas sûr et décidé vers ses destinées immortelles.

L'INDUSTRIE ET LE COMMERCE
DE L'ALLEMAGNE

*(Allocution prononcée à la réunion
de l'Union du Commerce et de l'Industrie pour la défense sociale, le
25 mars 1915.)*

Messieurs,

Quand votre comité a été assez aimable
pour m'inviter à parler devant vous, je me
suis demandé quel sujet pourrait le plus
vous intéresser et je me suis dit que ce
serait certainement une question qui vous
touche au premier chef : le développement
du commerce et de l'industrie en Allemagne.

La guerre actuelle est autant une guerre
d'industriels que de professeurs.

Comme vous le savez, la folie collective dont l'Allemagne a été atteinte a commencé par frapper les universités : ce sont les intellectuels allemands qui, les premiers, ont imaginé la théorie de la race supérieure. Quand je dis qu'ils l'ont imaginée, j'exagère ; car ils n'ont pas même eu le mérite de l'invention. C'est un Français, Gobineau, qui la leur a fournie. Mais ils l'ont poussée jusqu'à la plus extrême limite et c'est ainsi qu'ils en sont arrivés, non seulement dans les universités, mais encore dans les établissements d'enseignement secondaire et jusque dans les écoles primaires, à persuader les masses que tous les Allemands appartenaient au peuple élu, appelé à dominer tout l'univers.

Les industriels et les commerçants allemands ont également voulu cette guerre et ils devaient la vouloir. La situation financière de l'Allemagne était, en effet, devenue, au cours de ces dernières années, extrêmement précaire. Les finances alle-

mandes accusaient une dette collective
(car il ne faut pas omettre d'ajouter au
budget de l'Empire les budgets particuliers
des États) de 19 milliards de marks, soit
24 milliards de francs, dette contractée au
cours des quarante dernières années. Cette
dette consolidée s'augmentait d'une dette
flottante de 5 à 6 milliards. De plus, et c'est
en cela peut-être que les finances allemandes se distinguent le plus des finances
françaises, les communes de l'Allemagne
étaient extrêmement obérées. On estime
en effet que la dette des communes allemandes atteint 17 milliards de marks, soit
21 milliards de francs.

Ajoutez à cela qu'au cours des dernières
années un autre danger était né du fait
des caisses d'épargne. En Allemagne, ces
établissements sont autonomes. Ils peuvent
recevoir des dépôts sans limite. D'où il ré-
sulte que toutes sont devenues des institutions de crédit, analogues à des banques,
et qu'elles ont placé leurs disponibilités

en prêts hypothécaires et en valeurs industrielles.

Vous me permettrez, à ce propos, de
vous rendre attentifs au grand danger que
présentent les opérations de trésorerie
auxquelles l'Allemagne est acculée aujour-
d'hui. Les emprunts de guerre qui viennent d'être émis ont été gagés en grande
partie par les caisses d'épargne et par
d'autres caisses de crédit public, comme
les « Reiffeisen », qui n'avaient aucune dis-
ponibilité, puisqu'elles avaient placé tous
leurs capitaux. La garantie que les unes et
les autres offraient était donc purement
fictive, les mêmes capitaux reparaissaient
deux fois. Bien plus, le second emprunt a
été gagé par les titres du premier. C'est
vous dire, messieurs, combien la situation
financière de l'Allemagne est devenue péril-
leuse.

L'empire germanique était d'ailleurs
obligé d'absorber tout son papier, les marchés de Londres et de Paris lui étant natu-

rellement fermés. Il en est résulté que, surtout après le grand développement industriel de ces temps derniers, l'argent s'était extrêmement raréfié en Allemagne.

D'autre part, les emprunts rendaient peu. En 1906 et en 1907, l'Empire avait essayé de lancer des emprunts de 260 et de 264 millions de marks pour équilibrer le budget. Ces emprunts ne trouvèrent pas preneurs sur le marché allemand. Les banques les avaient bien souscrits, mais elles n'avaient pas réussi à en écouler les titres. C'est à la suite de cette expérience désastreuse, eu égard surtout à la modicité du capital demandé à l'emprunt, qu'on fut obligé d'augmenter les impôts indirects d'Empire de 500 millions. Or, tous les partis politiques, qui avaient voté cette augmentation d'impôts, furent décimés aux élections suivantes. D'où cette conclusion que, sous aucun prétexte, le Parlement ne pouvait plus voter d'impôts nouveaux. L'Allemagne se trouvait donc acculée à cette situation : les emprunts ne rendaient pas ; le Parlement se refusait à ouvrir de nouvelles sources de revenus. C'était la faillite imminente, d'autant que le budget annuel de l'Empire ajouté à ceux des États avait entre temps atteint 12 milliards de marks (15 milliards de francs). Sans doute faut-il déduire de ce chiffre formidable le rendement des chemins de fer ; mais il importe aussi de rappeler que l'Allemagne n'a ni le monopole des tabacs ni celui des allumettes. La situation était donc extrêmement sérieuse.

Quelques autres chiffres vous fixeront d'une façon plus précise encore sur la gravité de la crise financière.

Comme dans la plupart des autres États, on a introduit en Allemagne l'impôt sur le revenu, cédulaire ou global. On a pu estimer assez exactement le revenu moyen de chaque citoyen allemand à 350 marks, chiffre dont la modicité n'a rien d'étonnant, étant donné le nombre considérable

des enfants dans la plupart des familles.
Par contre, chaque Allemand paye annuellement, abstraction faite du rendement de
tous les monopoles d'État, 71 marks d'impôts. 71 marks d'impôts sur un revenu
moyen de 350 marks, c'est, vous en con-
viendrez, l'extrême limite de ce qu'on peut
demander à des contribuables. Aussi est-il
incontestable que l'Allemagne aurait depuis longtemps été acculée à une crise
financière de premier ordre si la banque
internationale, et en particulier la banque
française, ne s'était montrée miséricor-
dieuse vis-à-vis d'elle. On estime à 2 milliards l'argent français qui, dans les derniers mois, travaillait en opérations de
report à la Bourse de Berlin. D'où prove-
nait cet argent? Des dépôts que vous effec-
tuiez dans les banques moyennant un intérêt
de 50 centimes et que les banques plaçaient
sur le marché de Berlin au taux de 7 à
9 p. 100. Il est difficile à des banquiers de
résister à la tentation de faire des place-

ments aussi avantageux. Pour vous démontrer à quel point l'Allemagne était à court d'argent, il me suffira de vous rappeler le fait suivant. J'ai vu personnellement dans une banque de Paris une circulaire des plus grands établissements de crédit de l'Allemagne, offrant en nantissement des titres de tout premier ordre, actions de la banque hypothécaire de Prusse et autres valeurs du même genre, à un intérêt de 8 p. 100, à condition que lesdits titres ne revinssent pas pendant un an sur le marché de Berlin. En termes vulgaires, c'est ce que l'on nomme la « purée ».

Vous comprendrez que, dans ces conditions, les Allemands aient été littéralement acculés à faire la guerre, guerre qu'ils escomptaient devoir leur rapporter une centaine de milliards d'indemnité, la France devant à elle seule, aux dires de mes collègues du Reichstag, payer la moitié de cette somme énorme, sans compter les traités

de commerce qui l'auraient mise dans la
dépendance économique complète de l'Allemagne. Il n'en fallait pas moins pour re-
mettre à flot les finances de l'Empire.

Ceci posé, je tiens cependant à relever
en quelques *mots les grands mérites qu'a
eus la banque allemande vis-à-vis de l'industrie et du commerce de son pays.*

La banque allemande a été audacieuse,
elle l'a même été un peu trop et, lors de la
grande liquidation qui s'annonce, nous
verrons combien le crédit enchevêtré sur
lequel reposent tout le commerce et toute
l'industrie de l'Allemagne *entraînera de
catastrophes. Mais entre ce qui peut appa-
raître peut-être comme un excès de confiance et le manque absolu d'initiative
que, dans d'autres pays, la banque montre
vis-à-vis du commerce et de l'industrie, il
y a de la marge. Le banquier allemand faisait largement crédit à l'industriel qui semblait lui offrir suffisamment de surface. Il
mettait sans difficulté à son service les

fonds dont il pouvait disposer. C'est ainsi
que peu à peu toutes les disponibilités des
banques ont passé dans de grandes entreprises commerciales et industrielles. Elles
ont trouvé là une très large rémunération.
C'était en somme de la commandite, commandite qui d'ailleurs n'allait pas sans
un certain danger, car on a manqué, je le
répète, de la prudence la plus élémentaire.

Toujours est-il que si l'industrie allemande a pris un si formidable essor, au
cours de ces dernières années, c'est aux
banquiers allemands qu'elle le doit. Un seul
exemple vous prouvera à quel point l'Allemagne s'est lancée tête baissée dans des
entreprises qui pouvaient n'être pas toujours très avantageuses. Lors des derniers
traités de commerce, le Reichstag s'était
employé de façon plus spéciale à protéger
le filé fin. Autrefois le filé était taxé au
poids sans souci du numérotage. Lors de
la conclusion des derniers traités de commerce, au contraire, on a estimé qu'il y

avait lieu de tenir compte des numéros
et d'établir les tarifs en conséquence, de
façon à rendre l'industrie du filé fin rému-
nératrice. Résultat : dans l'espace de six
mois 200 à 300 filatures nouvelles furent
créées et, alors qu'au mois de novembre,
l'Allemagne dépendait de l'étranger pour le
filé fin, un an plus tard sa production dépassait de beaucoup ses besoins.

D'une façon générale d'ailleurs, on peut
dire qu'en tout il y a surproduction en Allemagne. Sur certains articles, cette surproduction est même considérable. Il en est
ainsi, par exemple, pour tout ce qui con-
cerne l'électricité : des entreprises comme
la *Siemens et Halske* et l'*Elektricitäts Alle-
gemeine Gesellschaft*, ont une réputation
mondiale ; mais autour d'elles se sont groupées une foule de petites industries simi-
laires, n'ayant pas certes la même surface,
mais qui par leur multiplicité ont tellement concurrencé les grands établissements
que ceux-ci ont été obligés de faire des sa-

crifices considérables pour les absorber.

Bien qu'interdits par la loi, les trusts sont très nombreux en Allemagne et ils sont arrivés, grâce à des tarifs différentiels d'exportation, à faire des affaires considérables avec l'étranger. Le commerce extérieur de l'Allemagne se montait à 19 milliards de marks. Mais pour ne pas rétrograder, l'industrie allemande avait besoin de nouveaux débouchés et toutes les récentes affaires du Maroc, du Bagdad, et autres, ont été organisées par le monde allemand des affaires qui cherchait à se créer les nouveaux clients dont il ne pouvait plus se passer.

Je puis à ce sujet vous donner une indication assez intéressante (vous m'excuserez d'ouvrir cette parenthèse, car elle vous montrera combien les trusts sont puissants en Allemagne). Les charbonniers avaient imaginé un expédient merveilleux pour nous obliger à payer nos charbons très cher ; ils s'étaient pratiquement syndiqués

et, détail curieux, l'État prussien, propriétaire de mines, qui, je l'espère, serviront de
gage lors du règlement de l'indemnité de
guerre, avait adhéré au syndicat en question. Voici comment celui-ci opérait. La
consommation annuelle du charbon en
Allemagne est de 110 millions de tonnes ;
la production peut être poussée indéfini-
ment, à 200 millions de tonnes par exemple.
Mais les propriétaires de charbonnages
limitaient cette production de façon à provoquer une disette artificielle sur le marché.
De plus, ils avaient obtenu des chemins de
fer un tarif différentiel qui, pour l'Alsace
par exemple, représentait un écart de
19 à 31 pfennigs par tonne de la Sarre
jusque chez nous. De cette façon les charbonniers avaient pu maintenir leurs prix.
Cela vous montre combien une organisation
puissante permettait aux industriels allemands de favoriser leurs intérêts.

On a souvent parlé de la camelote allemande. Le terme est exact pour bien des

articles, mais il ne faudrait pas le géné-
raliser quand on parle des produits germaniques. En bien des matières les Allemands sont arrivés, non à la perfection,
mais à la production d'articles de première
qualité. C'est ainsi que, pour les machines
industrielles et l'électricité, ils dominaient
le marché du monde.

Or, l'Allemand n'est nullement inventif ;
il profite des découvertes des autres et les
exploite. La chimie, par exemple, est in-
contestablement une science française,
dont Berthelot, pour ne parler que de lui,
a été l'un des derniers grands initiateurs.
Cependant, si vous voulez vous procurer
des produits chimiques, c'est à l'Allemagne
qu'il faut les acheter. Jamais ici, on n'a
su créer une organisation méthodique de
l'industrie chimique, et la France, comme
les autres pays, est devenue tributaire de
l'Allemagne en cette matière.

Voilà une industrie à créer chez nous.
Or, pour créer une industrie, il faut sa-

voir faire les débours nécessaires. C'est là précisément que l'industriel allemand se montre vraiment supérieur. Il est convenu qu'il n'invente rien, mais il sait s'adresser à ceux qui sauront faire des découvertes pour lui. Dans les industries chimiques allemandes vous rencontrerez toujours 40, 50, quelquefois 100 chimistes étrangers (les Français, soit dit à votre honneur, messieurs, sont en majorité) qui touchent les traitements les plus élevés. On leur ouvre des crédits illimités pour leurs expériences, qui n'ont d'autre but que de vérifier la qualité des produits ou la recherche des moyens les moins coûteux pour les extraire de la matière première. En d'autres termes, c'est l'organisation systématique du génie inventif de l'étranger pour arriver à la production industrielle intensive.

Le même phénomène se peut observer dans les grandes industries de l'électricité. Chez Siemens et Halske existe un merveilleux laboratoire comprenant des ingé-

nieurs américains, des anglais, des français,
sortant des meilleures écoles d'électricité
du monde entier. Ils peuvent se faire ouvrir
n'importe quels crédits pour leurs expériences ; de plus, en cas de découverte uti-
lisable, on leur promet des tantièmes sur le
rendement de leurs inventions brevetées.
Et c'est grâce à cette belle mise de fonds,
grâce à ce beau courage dont fait preuve
l'industriel allemand que nous trouvons
dans tous les restaurants de Paris des
lampes fabriquées en Allemagne, alors
qu'ailleurs on ne peut pas les produire,
parce qu'ailleurs on n'a pas su faire les
sacrifices nécessaires pour les mettre à
point et les fabriquer économiquement.
Là encore *licet ab hoste doceri.* Apprenez
de ceux qui vous ont battus par leur méthode
et leur endurance à les imiter ; mettez de
l'argent, beaucoup d'argent dans vos industries, elles vous en rapporteront davantage. Si vous n'y engagez pas de capitaux
suffisants, elles ne vous rapporteront rien.

Il est un point sur lequel les Français
ne consentiront vraisemblablement jamais
à imiter les Allemands, c'est l'espionnage
industriel. Les Allemands ont eu de tout
temps l'habitude d'envoyer à l'étranger
des ingénieurs, des employés, des ouvriers,
qui travaillaient à un bon marché invraisemblable chez le concurrent, uniquement
pour pouvoir s'approprier ses procédés de
fabrication. Je connais à ce propos un fait
très curieux. Pendant des années les fabricants d'huile du Midi recherchaient les
employés allemands, parce que travailleurs
modèles et peu exigeants. Les fabricants
ont été servis à souhait et ils semblaient
ravis. Consultez-les aujourd'hui. Ils vous
diront tous : « Nous avons perdu notre
clientèle ; les employés que nous avions
engagés et qui, moyennant un faible salaire,
travaillaient dix et douze heures par jour,
étaient venus chez nous pour étudier nos procédés de rectification, prendre les adresses
de nos fournisseurs et de nos clients. Au-

jourd'hui, ils livrent la marchandise à meilleur marché que nous ; nous sommes ruinés. » Voilà l'un des procédés employés couramment par les Allemands pour arriver à leur but. Le commerce de vins de Bordeaux n'avait-il pas également passé en grande partie entre les mains des Allemands par les mêmes procédés?

Dans le même ordre d'idées, je vous parlerai encore de la fameuse agence Schimmelfaëng, officine de renseignements, qui se chargeait de fabriquer dans toutes les grandes villes de France et de l'étranger, des fiches sur les clients de l'Allemagne, sur la nature de leurs affaires, l'extension qu'elles pouvaient prendre, la solvabilité des industriels et des commerçants. Toutes les fois qu'un Allemand voulait entrer en relations avec un industriel ou un commerçant français, il obtenait de cette agence toutes les indications désirables.

Les Allemands ont à leur disposition un troisième moyen d'action, la publicité. Ils

font une publicité effrénée non seulement
à l'intérieur du pays, mais encore à l'é-
tranger. Et, comme il serait difficile à chaque maison en particulier d'entretenir à
l'étranger des agents de publicité spéciaux,
il s'est fondé à Berlin une grande agence
de publicité, Haselstein et Vogler, qui
prend à forfait un certain nombre d'an-
nonces et sait fort bien les placer dans les
journaux les plus appropriés pour leur assurer un bon rendement.

Enfin, je ne vous apprendrai rien en
vous disant que, surtout dans ces dernières
années, les Allemands avaient jeté leur dé-
volu sur les grands établissements financiers de l'étranger, dans lesquels ils se fau-
filaient comme petits employés pour arriver bientôt aux plus hautes situations, ce
qui leur permettait d' « arroser » copieu-
sement leurs collègues d'Allemagne.

La dernière création, la plus puissante,
celle qui devrait bien servir de modèle aux
Français, est le *Central Verband der Deuls-*

chen Industriellen ou Comité central pour
l'industrie allemande. Créé en 1880, ce
bureau n'avait encore, en 1882, qu'un employé et une dactylographe ; aujourd'hui,
il compte 150 employés et est devenu une
grande puissance, ayant plus de besogne
qu'elle ne peut en abattre. L'association
centralise, à l'usage des industriels allemands, les rapports sur le commerce
étranger qui lui viennent de ses agents et
des consuls de l'Empire. De plus, elle sou-
tient les industriels momentanément dans
l'embarras par suite d'une grève.

Mais là où nous trouvons surtout l'action du « Central Verband », c'est dans
la préparation des lois. Il traite d'*égal* à
égal avec le gouvernement. Il n'y a plus
une loi économique, plus une loi industrielle, plus un traité de commerce qui se
fasse en Allemagne, sans que le chancelier
prenne d'abord l'avis du bureau central,
qui représente l'ensemble des commerçants
et des industriels allemands. C'est encore là,

vous le voyez, messieurs, un formidable moyen d'action pour les fabricants allemands. Dans ces dernières années nous ne pouvions plus faire de loi ayant une portée sociale quelconque sans que le « Central Verband » fût appelé à donner son avis et jusqu'à un certain point à poser ses conditions.

De plus, le « Central Verband » avait exigé et obtenu que tous les consuls d'Allemagne fussent ses agents. Le consul allemand n'est pas un simple fonctionnaire signant des permis de séjour ou des passeports ; il est aussi et surtout le représentant officiel de l'industrie et du commerce allemands. Il fait des rapports sur la situation économique du pays auprès duquel il est accrédité ; il cherche à connaître les occasions de placements des produits nationaux et s'efforce de trouver des situations à ceux de ses concitoyens qui sont désireux de s'établir à l'étranger et capables d'y travailler à la prospérité de la métropole.

Enfin, avec l'agrément du gouvernement, il « marche » parfois à la commission. Que voulez-vous ! Si un consul parvient à faire passer à la maison Siemens un marché de 2 ou 3 millions, il est assez naturel qu'il y trouve quelque avantage. Le consul allemand n'est pas seulement le représentant officiel du gouvernement allemand ; il est avant tout un agent commercial, l'agent commercial de la collectivité. C'est du moins ainsi que l'Allemagne l'a compris et elle s'en est admirablement trouvée.

J'insiste donc beaucoup sur ce point, messieurs. Organisez-vous d'abord. Devenez une association dans laquelle toute l'industrie, tout le commerce seront représentés. Étudiez, comme le font les Allemands, les questions qui peuvent intéresser les différentes branches de l'activité nationale. Gréez un bureau qui centralisera tous les rapports et tous les renseignements désirables sur l'industrie et le commerce mondial, et toutes les fois que le gouver-

nement voudra s'occuper de questions
vous intéressant, vous lui offrirez les
matériaux dont il aura besoin. C'est à vous
en effet à les lui procurer. Comment voulez-vous qu'un ministre qui hier était
médecin ou avocat et qui, demain, devra
présenter un projet de législation industrielle, puisse le faire s'il n'y est aidé par les
intéressés? C'est ce que les Allemands ont
compris et leur gouvernement, obligé
d'accepter les conseils des gens compétents,
se montre enchanté d'une collaboration
aussi éclairée.

Voyez combien le commerce allemand
est devenu puissant même à l'étranger. Si,
à l'heure actuelle, l'Allemagne peut mener
une formidable campagne de mensonges,
si dans les moindres villes de l'étranger
chaque commerçant reçoit des lettres personnelles où l'on fait l'éloge de l'Allemagne
et où l'on dit que la France est vaincue,
c'est grâce à l'organisation du « Central
Verband » dont les agents répandent à pro-

fusion ces factums traduits dans toutes les langues du monde. Le gouvernement n'a pas besoin de s'en occuper.

Il est indispensable de créer en France un contrepoids à cette puissance formidable. Demain, nous l'espérons bien, l'Allemagne sera battue. Dans les premiers temps, son commerce et son industrie passeront par une forte crise, surtout parce que les Anglais — et c'est intentionnellement que je les nomme seuls — leur ont enlevé une partie de leur clientèle, la marine marchande allemande ayant été condamnée à un repos complet et ne devant retrouver que difficilement après la guerre le fret qu'elle détenait auparavant. La crise sera lourde aussi parce que les capitaux se feront plus rares, et que le marché sera plus resserré. Mais avec leur méthode, avec leur patience, avec leur organisation, les Allemands seront dans dix ans redevenus tout aussi redoutables qu'ils l'étaient il y a huit mois, si on ne peut leur opposer une méthode, une patience et une organisation analogues. Tout serait alors à recommencer. Croyez-moi, messieurs, apprenez des Allemands ce qui a fait leur force ; soyez des organisateurs ; groupez-vous en dehors de toutes questions de politique et de confession ; ne soyez que des industriels et des commerçants voulant une France riche, parce qu'un pays n'est puissant que s'il est riche. Alors, il arrivera ce que tous nous souhaitons, la France ne sera pas seulement la semeuse géniale, elle sera aussi la grande moissonneuse.

TABLE DES MATIÈRES

IV. ALLOCUTIONS.

11005-15. — CORBEIL. — IMPRIMERIE CRÉTÉ.

9 782019 908874